勇立浦江潮 "创"梦新时代

——上海高校毕业生创业典型人物集

上海大学招生与毕业生就业工作办公室 编

上海大学出版社
·上海·

图书在版编目(CIP)据

勇立浦江潮 "创"梦新时代：上海高校毕业生创业典型人物集/上海大学招生与毕业生就业工作办公室编.—上海：上海大学出版社，2019.12
ISBN 978-7-5671-3755-4

Ⅰ.①勇… Ⅱ.①上… Ⅲ.①大学生－创业－先进事迹－上海 Ⅳ.①K828.4

中国版本图书馆CIP数据核字（2019）第268940号

责任编辑　刘　强
封面设计　柯国富
技术编辑　金　鑫　钱宇坤

勇立浦江潮　"创"梦新时代
——上海高校毕业生创业典型人物集

上海大学招生与毕业生就业工作办公室　编

上海大学出版社出版发行
（上海市上大路99号　邮政编码200444）
（http：//www.shupress.cn　发行热线021-66135112）
出版人　戴骏豪

*

南京展望文化发展有限公司排版
江苏凤凰数码印务有限公司印刷　各地新华书店经销
开本710 mm×1010 mm　1/16　印张10.75　字数153千字
2020年3月第1版　2020年3月第1次印刷
ISBN 978-7-5671-3755-4/K·205　定价 58.00元

本书编委会

主　编　傅新华　徐　磊

编　委（按姓氏拼音排序）

何　岩　李红霞　王卫忠

吴方刚　胥　俊　周自豪

序

青年是国家和民族的希望,青年学生富有想象力和创造力,是创新创业的有生力量。习近平总书记在党的十九大强调"鼓励创业带动就业,实现更高质量和更充分就业"。2019年教育部印发《国家级大学生创新创业训练计划管理办法》,要求各地各高校深化创新创业教育改革,加强大学生创新创业能力培养,全面提高人才培养质量。

上海大学始终把"培养什么人、怎样培养人、为谁培养人"融入创新创业教育全过程,突出创新创业教育的"育人"本质,以培养具有全球视野、公民意识、人文情怀、创新精神、实践能力并能应对未来挑战的人为己任,形成了特色鲜明的创新创业教育模式。一是率先启动。学校于1991年11月率先建立高校科技园区,这是上海第一家由大学创立的科技园,也是国内最早的两个大学科技园之一。科技园区的大学生创业企业,在园区的扶植下,三年成活率在90%以上。上海大学科技园区连续四年获得上海市大学生科技创业基金会颁发的"优秀分会"称号。二是体系健全。学校建立了"全方位—链条式—多重覆盖"的创新创业生态体系。2016年,学校成立创新创业学院,并将创新人才培养的效果纳入学科评估指标体系和教育教学评估指标体系,现有创新创

勇立浦江潮 "创"梦新时代
——上海高校毕业生创业典型人物集

业教育类课程（本科）133门、（研究生）125门；设立天使基金、创新基金和专项基金，科技创业"天使基金"累计资助140多个项目；现有宝山创业苗圃、静安睿创园、温哥华电影学院创业孵化中心、"上大—绿地"众创空间等5个创业孵化基地，7家创客空间、18家创新工作室，形成全方位、多层次、立体式的就业创业政策扶持体系。三是政产学聚力。学校有效整合校内外创新创业资源，积极联动地方政府、众创空间、漕河泾新兴技术开发区、上海市大学生科技创业基金、上海市知识产权服务中心、上海大学生创业苗圃、小微企业创业基地等校内外创新创业实践基地，对优秀创新创业成果进行创业孵化和创业实践体验，为成果孵化提供资金支持、场地支撑、政策服务、专业技术指导等，建构科研成果向科技创业转化路径。四是成果丰硕。2016年，学校被教育部评选为首批"全国创新创业典型经验高校"。在"挑战杯"竞赛中连续五次捧得"优胜杯"。在2018年"创青春"全国大学生创业大赛中，学校斩获两项银奖、三项铜奖。

"一花独放不是春，百花齐放春满园。"创新创业教育的发展离不开高校间的交流与互鉴。为总结上海各高校在大学生创业方面的经验和成效，在上海市教委学生处的指导下，上海大学招生与毕业生就业工作办公室向全市各高校就业创业工作部门征集创业典型人物线索，并汇编成本书。本书紧扣时代主题，每一个故事都记录了青年创业者的实战经历和心路历程，每一个故事都蕴含了创业者不断寻觅和超越自我的过程，每一个故事都凝聚着创业者敢为天下先的勇气和智慧，让我们走进创业大学生真实而丰富的内心世界。希望这本书对于大学生激发创业热情、提升创业信心、吸取成功经验有所启迪和帮助。

"芳林新叶催陈叶，流水前波让后波。"有足够的理由相信，未来会有越来越多的青年大学生在创新创业的舞台上充分展现自己的远大抱负和创业激情，不断书写新时代青年的绚丽篇章。

聂　清

上海大学党委常委、副校长

2019年12月

目　录

钟博瀚："玩"出来的创业梦　/ 1

魏　振：爱拼才会赢　/ 8

尚晓辉：把低碳环保阅读推向全国　/ 18

穆振兴：创业的动力源于创业的初衷　/ 26

叶　超：创业前行　越挫越勇　/ 33

杨云帆：公益创业的"草根筑梦师"　/ 42

林贤杰：汇聚全球技术　助力企业升级的追梦人　/ 50

李睿深：机器达人的创业之路　/ 57

张　楠：伉俪携手同行的创业梦　/ 64

蒋公宝：来自校园　扎根校园　回报校园　/ 75

李佳佳：青春之路伴科创　创业之路燃激情　/ 81

殷海玮：让光谱改变生活　/ 88

CONTENTS

施润春：实在一点，市场需要有用的东西　/ 96

衡建军：我的青春　我的主场　/ 105

李佐康：心中有梦　行则必成　/ 112

邓洋洋：一个爱"折腾"的大学生创业者　/ 120

黄　皓：造梦"西游技"　创业取经路　/ 128

赵　政：筑梦创业路　感恩创业情　/ 137

郑　一：追求梦想　独立远航　/ 143

屠跃邺：自然与童趣的守护者　/ 152

后记　/ 163

"玩"出来的创业梦

钟博瀚 浙江舟山人。上海橙昶传媒有限公司CEO。2018年毕业于上海工商职业技术学院。曾获中国"互联网+"创新创业大赛上海赛区金奖及最佳带动就业奖。多年来,他不断学习,积累经验,努力拼搏实现自己的愿景,将一个小团队扩大成几十个人的大团队,直接带动就业人数4971人,使公司成功跻身国内首批游戏服务公司行列,并累计为36家游戏公司、800万名游戏玩家提供了服务。

游戏玩家的创业梦

"有人说大学生打游戏是玩物丧志,但如果你喜欢打游戏,就可以来我们这儿兼职、工作。"上海橙昶传媒有限公司CEO钟博瀚最近求贤若渴。作为一个典型的95后,一路走来,他饱受质疑,但是他却坚信,只要方向没错,坚持就是胜利。"执着创业,努力拼搏"是他对自己的要求,"不负青春"是他前进的动力,"实现自身价值"是他对人生的追求。他颠覆了传统观念,把人们眼中的打游戏从不务正业变成了务正业,并与贫困地区政府合作,带动当地中青年创业就业,从而带动了当地经济的发展,实现乡村振兴。他说:"我现在做的是一件很有价值的事情,可以帮助很多贫困山区的中青年创就业,我觉得很开心,我也会一直努力地做下去,帮助更多人。"

勇立浦江潮 "创"梦新时代
——上海高校毕业生创业典型人物集

钟博瀚接受媒体采访

2018年4月,人力资源和社会保障部首次将电子竞技员列为新职业。据第三方咨询机构艾瑞统计,2018年中国电竞产业市场规模达940亿元人民币,超过之前处于领先地位的美国,更远超韩国。网络游戏,这个在十几年前让人陌生甚至令一些中国家长痛斥的产业,正悄然影响着中国年轻的一代人。随着国内游戏产业的迅速发展,钟博瀚这个从小喜欢打游戏的年轻人,在"大众创业,万众创新"的浪潮中如鱼得水。

和很多同龄人一样,少年时的钟博瀚热衷于网络游戏,在游戏的世界中追寻着男孩子的英雄气概。作为浙江人,他有着敢想敢做的拼搏精神和强烈的进取心,"即使是玩也要玩到极致",玩着玩着,他的游戏技能有了极大的提升,成为小伙伴眼中的"高手"。因在当地网游圈小有名气,中学时,钟博瀚就获得了在"征途"这款游戏网络玩家公会做兼职的机会。这段时间,他负责吸引更多的玩家加入公会,从游戏公司获得了不菲的利润提成,这让他欣喜若狂。后来,他还参加了腾讯公司举办的玩家培训,学到了很多游戏经营、维护与管理方面的知识。这时钟博瀚意识到玩游戏不仅是娱乐,还能挣钱,或许能成为未来的一项事业。

上大学以后,钟博瀚有了一个更广阔的空间,他开始寻找志同道合的小伙伴一起打游戏,一起分享游戏心得,一起参加线上线下的兼职工作。他还利用周末时间,经常参加各大网络游戏的体验活动和线下活动,并且结识了一批知名玩家。在业界大牛们的指引下,钟博瀚对网游市场有了进一步的了解,并掌握了当前游戏公司及玩家的需求及痛点。

同样是生活在象牙塔里,当很多同学在优哉游哉享受美好的大学生活的时候,当很多同学还在游戏中炫耀自己英雄联盟的段位的时候,当很多同学还在迷茫未来的生活的时候,钟博瀚却像海绵一样吸收着网游运营和管理知识。他也开始愈发坚定地把网游服务作为自己的创业项目。大二,学校开设了创业课程,钟博瀚深入学习了公司的开创、管理等知识。万事俱备,他在校内成立了雷光互娱工作室,开始正式运营游戏项目。当时有的游戏公司不重视玩家关系维护,导致玩家流失。为此,钟博瀚以帮助游戏公司保持游戏公

钟博瀚工作照

平性及平衡性为切入点开始业务。"我们会帮助公司收集各种数据,如某宝物出现的概率、付费玩家的PK成功率,这些数据会影响游戏的平衡性。我们会把游戏体验及收集的数据交给公司,公司会对此作出相应的调整,进而完善游戏内容与玩法。"有时候,钟博瀚和团队也会直接进入游戏扮演"反制者"的角色。"部分玩家在游戏中故意囤积装备,破坏游戏的公平性和生态,我们会想办法反制,让他们前功尽弃。"他解释道。在钟博瀚的带领下,团队成员团结奋进、满怀激情、干劲十足,不断收到游戏公司的邀约,营业额节节攀升。"当别的同学还在伸手向家里要生活费的时候,我们团队赚的钱已经可以负担自己的生活费和学费了。"

遭遇挫折,愈挫愈勇

创业路上哪有什么一帆风顺,这对于钟博瀚也是一样的。工作室成立后,项目前期的运营一切顺利,但后期"冒险岛"游戏项目却出现了严重的亏损,这对意气风发的他无疑是当头一棒。所幸,在学校创业老师的建议下,钟博瀚把工作室由校外搬到了校创业中心,降低经验成本,并且规范了内部管理,很快走出了危机。

随着业务的不断扩大,原先的工作室已经不能满足经营发展的需要,2017年,钟博瀚成立了上海橙昶传媒有限公司。正当他准备大展拳脚的时候,危机又悄然而至。由于经营理念的分歧,加之临近毕业,团队几个骨干成员放弃了创业而选择了就业。这对于踌躇满志的钟博瀚来说,无疑是一次沉重的打击。钟博瀚说,"创始人""老大""总经理""创业者",这些看似高大上的标签背后,又隐含了多少辛酸苦涩呢?他觉得创业者是孤独的:"曾经大家拧成一股绳为同一个目标一起努力,如今却分道扬镳。这种感觉充满了苦涩,但我依旧很感激他们,也很荣幸和他们共同奋斗过。"同时,他又认为创业者是青春的代名词:"我觉得青春就是奋斗的,是应该充满激情的,只有追求梦想的青春才会无悔。我想即使团队成员都走了,我也会坚持下去的。"

在骨干成员流失后,钟博瀚并没有消沉,而是从自身因素反思原因。

"我以前只想拉上爱打游戏的同学一起创业,但组队打游戏和一起创业完全是两码事。创业需要技术人才、营销人才和管理人才。"经过一段时间,他重整旗鼓,开始着手筹备招募事宜。他给出一部分股权,采用了"梦想合伙人"的方式,并且给出了高薪酬,调动新进成员的积极性,让他们与公司的发展紧密联系在一起,共同奋斗,共同分享公司的成果。新来的小伙伴充满了朝气和干劲,公司有了这些新鲜的血液后在经营上又回到了正轨。在公司管理方面,他改变了以往的友情化管理模式,采用系统化管理,成立了运营维护部、商务管理部、新媒体运营部等部门,明确了工作职责和分工。在游戏运维方面,钟博瀚革新了现有的模式,采用精准的导流模式,为游戏公司进行后期维护和导流服务,以此收取服务费,获得收益,公司也在长足稳定发展。公司的测评服务,可以为游戏公司提供准确专业的报告,游戏公司根据报告进行调整,使得游戏运营更加完善。

在钟博瀚的计划里,公司业务不是仅停留在游戏运维方面,他的目标是今后运营属于他们公司的游戏。他说:"我们现在所做的游戏工作也是一个学习过程,通过与游戏公司交流,了解如何对游戏进行修正。虽然有些游戏下线了,但我觉得它们还是有很好的玩家基础的,等以后买下游戏版权,自己来运营和维护,也许能让这些游戏重新焕发生机。"

"创业不只是挣钱"

除了线上的计划之外,钟博瀚还实施了线下计划,在高校成立俱乐部,培养一批有游戏天赋、有创业梦想的青年人,教他们运营管理的技能,作为公司的人才培养基地。公司还为俱乐部的同学提供了很多兼职机会,给一些家庭经济条件较差的同学带来了勤工助学的机会。此外，俱乐部还有很多福利，公司和咖啡馆联合推出了一些对俱乐部同学优惠的政策，俱乐部还有很多周边产品的销售，可以由俱乐部同学来负责；同时，公司将继续招募新生小伙伴，并计划举办电竞比赛。

公司主要为游戏运营商和游戏用户提供服务，以沉淀用户数据为核心，独创的游戏服务链模式不受地域限制，可复制，行业壁垒高，可落地到乡村带动乡村青年返乡创就业。钟博瀚将自己独创的游戏服务链模式带到了乡村，以带动乡村创就业为初心，开启了"天涯若比邻"计划。钟博瀚认为，创业不只为了赚钱，还要有社会责任感，助力国家发展和中国梦的实现，成为乡村振兴的实践者。他通过与中西部贫困地区政府的合作，目前已直接带动就业人数4 971人，未来预计将影响12万人参与。公司也会陆续把主要业务转移到中西部贫困地区，努力扎根中国大地，支持乡村振兴，这是钟博瀚的目标，也是他的愿景。

上海市青年红色筑梦之旅——创新创业项目走进遵义实践活动

一路走来，对于一个创业者来说是艰辛的，也是孤独的，最初陪他一起创业的人换了一批又一批，有人走了，也有人进来，唯独他一直坚守着。他曾经说过，他坚守的是自己的梦想，不管别人是否被现实改变，他不会，他对自己的梦想很坚定，既然选择了这条路，就会坚定地走下去，不管这条路多么艰辛、多么孤独，他会始终坚守。创业之路，布满荆棘，唯有持之以恒、不忘初心，用坚守和汗水为梦想架桥铺路。

对于青年创业者，他给了这样的寄语：每一位创业的年轻人在创业初期都会满怀憧憬，心怀梦想，人人都渴望创业的成功，但现实很残酷，创业之路布满荆棘，不是每个人都能坚守到最后。马云曾经说过：今天会很残酷，明天会更残酷，后天会很美好，但大部分人会死在明天晚上。这句话告诫所有正在创业和即将创业的年轻人，在创业的路上不管遇到什么都要学会坚持，只有坚持到最后的人才是最后的胜利者。

爱拼才会赢

魏　振　上海华励振环保科技有限公司(简称华励振)创始人。同济大学环境与工程学院2011届环境工程专业硕士研究生。清瘦而又文静的面容,一副眼镜恰到好处地架在鼻梁上,更凸显了他的书生气。他虽略显年轻,但在面对各种问题的时候非常沉着冷静,他非常清楚自己究竟要什么。在大学本科期间,魏振就对创新创业产生了不小的兴趣,他积极参与各种创新竞赛,参与创业的培训和讲座。最初选择创业的根本原因是创业与自己的价值观比较相符。他比较欣赏的两种状态,一种是科学研究,因为科研工作者往往走在人类认知的前沿,科研工作者每一个小小的发现,都可能意味着人类认知往前走了一步,因此投入科研工作是很有挑战、意义和价值感的事情;另外一种就是创业,因为他觉得创业跟科研类似,都有创造和发现,它让一个世间本来不存在的事物,从无到有,从0到1,从小到大显现出来,这种创造,也是一种很有挑战、意义和价值的事情。就这样,在综合因素的推动下,最终他选择了创业。

从蹒跚学步到公司转型

2010年对于魏振来说是非常重要的一年,他走出了创业的第一步,成立了自己的公司。暑假放假,他因为怕农村的父母会担心,甚至不敢告诉他们自己选择了创业,而是谎称自己在帮老师做项目。

创业是一个需要融入市场和社会的过程。华励振起步之时,就是几个穷学生,并不具备成熟的产品。公司创立,首先要生存下来,他们选择的业务方式是做实验室设备代理,但由于不具备设备加工的工厂人员和厂房条件,所以他们也同时做科研项目的非标加工项目。选择做这两个业务,是因为他们从学校出来,最熟悉的只有高校和自己的专业方向,而这两个业务面对的市场就是高校。实际上从

魏 振

创业的启蒙,到起步、生存、发展都与同济大学密不可分。

在设备代理和非标设备加工这个阶段,魏振初步学习到了商业到底是什么,并接触到了各种各样的技术创新,与科研工作者们一道开发出了各种门类的技术设备,这些设备有些得了国家科技进步奖,有些得了工博会的一些奖励,等等,这让魏振和他的团队在技术视野和技术开发能力上得到了积累和储备。但做实验室设备代理和非标设备加工,因不具备核心技术,门槛比较低,行业竞争非常激烈。因此,公司要想发展壮大,必须要有新的模式和出路。

魏振和他的团队决定自主研发一款有独立知识产权的核心产品。"很荣幸的是,我们接触到一项美国技术,但它并不能完全照搬到中国来。所以我们梳理了国内外的分散污水处理技术的优缺点,并在此基础上,与同济大学一起,开发了适合中国工况的具有独立知识产权的新型分散污水处理技术。"在这个过程中,华励振也逐渐由一家实验室仪器设备的代理商和科研非标设备

的加工商，转变为一家具有独立知识产权和核心技术产品的环保工程领域专业设备供应商和运营商。

当时恰逢"社会主义新农村"建设拉开序幕，政府集中推进镇、村等分散污水处理和黑臭水体治理，魏振研发的新技术有着巨大的市场潜力和社会价值。有了市场潜力巨大的产品，还得有良好的销售策略和模式。华励振选择口碑营销，那就是把案例做好，保证每一个案例都能够顺畅运行，这样既能够实现社会价值，还可以获得优质口碑，把客户变成长期的合作伙伴、代理商和朋友。

同时，市场主导的理念让华励振紧跟市场来调节产品的结构和样式。有一次，他们最初做出来的产品是烟囱状的，这样的庞然大物竖在村口引来了很多村民的反对，觉得破坏了他们的风水。在听取村民的建议后，他们重新商议，重新设计，最终完全改变了原来的设计，把产品做成埋在地下的：在地上挖一个深坑，把材料埋进去，再填补上。这样就不会破坏整个村子的外观，获得了村民们的赞誉，产品也顺利地打开了市场。正是因为坚持了以市场为主导的正确方向，公司才能一直奔驰在快车道上，突飞猛进。

可以说，在创业途中，魏振在不断克服困难和努力尝试过程中，逐渐找到了企业发展的核心，并下定决心转型改革。他要让公司能够从婴儿般蹒跚学步到一步一个脚印踏踏实实站稳脚跟，让公司克服最初的困难，为长久发展打下坚实基础。

目前公司正在考虑引进新的投资方。但对于投资方的选择，魏振显得很谨慎，他认为投资方宁缺毋滥，华励振需要的是一家专注于环保领域，有完善的管理经验和市场渠道的投资人。

科学的团队建设和向上的企业文化

成立初期，懂得"成事在人"这个道理的魏振在配备员工时充分考虑了创业团队的实际情况。他明白，对于创业者来说，第一支团队尤为关键。华励振的创业团队有三个人：他自己、他的研究生同学郑阳华，还有一个是他的本科生师弟。魏振开玩笑说，这是一场两个研究生大哥带着一个本科生小弟玩的创业游戏。至于为什么选择把本科生拉入团队。他认为，学历不能代表能力，团队需要的是有能力的人才。创业团队需要不同的人员，如果创业团队单一，在发展的过程中可能会面临很多问题。对华励振这样的技术型公司来说，强大的技术能力是必须的。所以公司除了有两位环境科学与工程学院的研究生外，还有学校的老师作为技术后盾。同时，在公司运作的问题上必须有一个管理专业背景的成员，这样才能避免走很多弯路。正因为开始的时候团队组成比较合理，所以公司在管理上分工非常明确。技术层面的问题主要是两位研究生在负责，其他的财务、人事方面的问题就是本科生师弟在负责。到现在，他们三人的分工仍然很清晰。这是公司良性运作的重要保障。

但是随着公司发展，业务增加，对于公司来说，他们的团队组成还是有一个薄弱环节：他们没有专门擅长做市场的负责人，暂时是魏振在主要负责这个部分。但是，在市场开拓的问题上他也不能游刃有余，所以他们一直在寻找这种专业的市场推广人员。由于整个乡村环境污水处理的市场还在起步阶段，所以目前还没有合适人选。目前，华励振一边和那些本身就在做环保市场的人合作，利用他们在相关行业的人脉，双方以合作的关系来推进业务；一边寻找比较了解市场的人才资源，完善公司的团队分工建设。

对华励振来说，市场是非常重要的。公司总部有市场总监负责具体的工作，在各区域还有区域的销售经理或者是代理商，以两级配置来保证公司的销售。但是，作为华励振的总经理，魏振不仅仅注重企业的盈利，也非常重视人的作用：虽然市场是企业发展的衣食父母，但市场是由员工开拓的，是掌握在人的手中的。他提到，刚成立的时候，怎么样去配备员工队伍是一个很大的难点，这直接关系着公司的生死存亡。对公司来说，最看重的是应聘者的道德素质。同时，有怎样的老板、领导，就会招聘怎样的员工，也就会形成怎样的企业文化。而企业的文化会通过员工的一言一行传达给企业的合作伙伴和客户们。

因此，华励振对员工最重要的要求就是：坚持勤奋、诚信、开拓、创新的理念。工作要勤奋，对客户要诚信，要具备开拓精神，在技术上求创新，市场销售时在思路和销售方式上求创新。这样既保证了市场的稳定，也保证了产品质量的稳步提升。魏振以身作则地影响着公司的其他员工：到现在，作为公司"老大"的他还经常自己去跑业务、开拓新市场，也经常去施工项目现场帮助项目经理，配合他们的工作。他没有因为自己是老板就待在办公室里，而是用自己的实际行动去影响公司员工的工作状态。去西部跑业务时，由于过度奔波，脚都肿了，但是他没有请假休息，而是等到稍微消肿后继续跑；公司每年在同济大学有两次会务，需要跟很多客户谈业务，他好几次都在会务结束后累得说不出话来。这样的精神深刻地影响着其他市场人员，大家都以他为表率，尽职尽责地完成自己的工作。

魏振对待公司发展的心态格外乐观，华励振对待员工也非常开放。低碳事业部经常会有学生来实习，在实习期结束后，如果有合适的机会，魏振会推荐他们去合作的企业工作。随着经历的事情越来越多，公司领导也从最开始的害怕员工流失转而变成更加重视公司平台的发展。只要平台在，公司就可以运作。同时，他们很注重团队的培养，重视团队成员之间的交流。周末的时候会组织团建活动。这样，公司里员工之间的感情可以得到增进，大家工作起来也很舒心。

魏振坦言，创业后他变化很大，脾气变了很多。以前，他是骂得很多，赞美得很少；现在则是骂得很少，赞美得很多。公司里员工也拧成一股绳，努力做事情。在这样的环境下，公司发展迅速，员工也有更多的提升机会。这无论对于公司还是对于员工，都是一个良性循环。

科学的团队建设和积极向上的企业文化，使得创业团队能够一条心，向一处使劲，强大的凝聚力将每个员工的激情汇集到团队中，成为整个团队前进的动力。

魏振接受媒体采访

三年尝试专注产品

比起公司成立之初的稚嫩,如今的华励振显得成熟老练。他们做到了与市场和现实相结合,碰到问题就解决问题。这样紧密的结合让公司的市场目标更加清晰,专注于自身的产品。为了更好地满足市场需要,公司将产品做得更加广泛,产品的系列和形式更加多样化,产品的链条也趋于完备。同时,因为在全国各地的农村都有产品市场,在推广的过程中公司会因地制宜地制定价格,让产品符合当地的要求。

目前公司已经有30多个员工,常驻上海的不到10个。除了财务和采购人员在上海外,技术人员都在项目工地上,大部分人力资源都被划分到产品生产上。这些技术人员大多已经工作了很多年,有丰富的项目经验,这些经验让他们能够很好地融入项目中。经历过项目施工的人,就会清楚地明白这个过程。

勇立浦江潮 "创"梦新时代
——上海高校毕业生创业典型人物集

魏振工作照

公司现在做的产品都是学校专利成果转化而成的,下一步他们可以继续深入研发,开发更多的产品。这也是华励振的技术优势所在。华励振除了在上海有自己的办公场所外,在浙江还有一个负责生产的"厂"。魏振笑言:"严格意义上说,那并不能算是一个厂,只是一个临时担任组装和加工的地方,只是一个'车间'。"公司产品的生产大部分与销售挂钩,项目和产品才是公司最重要的部分。

创业伊始,魏振下定决心用三年时间来尝试,看看自己是不是适合创业。他曾想,无论中间遇到什么问题,最重要的就是专注于产品。如果哪一天自己不能做到这一条了,就会放弃创业。从现在的发展来看,他的想法和坚持是正确的,华励振凭借自己优质的产品在同期创业的企业里处于佼佼者的地位。魏振更加坚定自己做环保行业的信心。现在华励振面临的已经不再是存活的问题,而是怎样将企业做强。他们的目标非常明确,最重要的一点仍然是专注做好自己的产品。作为大学生创业明星,魏振成为很多人追捧的对象,但他始终保持低调，很少接受新闻媒体的采访。在他看来，把产品做好才是最重要的事，不想被其他事情牵扯精力。另外，魏振认为，自己的产品不同于日用品，专业性比较强，并不适合在媒体上做宣传广告，所以公司一般只在专业环保网站上推广。因此，在华励振所有人眼里，做好产品才是无法替代的首位原则。

魏振说，在创业的过程中，要把自己当成一张白纸，虚心去学习每个方面。能力的培养是因人而异的，最重要的是坚持下去不要放弃，也不要背太大的心理负担。虽然创业成功的概率很低，只有0.01%，但是这些成功的人都是没有放弃、努力在做的人。如果放弃了，肯定会成为那99.99%中的一员；如果努力了，那么很有可能就成了成功的那0.01%。正如马云所说，大部分人都是在黎明的前一夜放弃了，坚持下来，就成功了。因为即使创业失败了，也不一定人生就失败了。这种失败不一定是坏事，因为这对自己、家庭和社会来说都是进步的。创业者只要在其中做好自己就可以了。

魏振还说，他十分感谢曾经的自己给予的三年尝试时间，在这个时间里，他不顾一切地努力拼搏，在四处碰壁的同时，自己也得到了巨大的成长。在创业的路上一路走来，魏振愈加成熟。对他来说，不管创业是否成功，他的人生经历都变得丰富。年轻人在这种时刻就应该拼一把，鼓足勇气去尝试自己想做的事情，认准一个目标后，就要坚持做下去。如果让他再选择一次，他还是会义无反顾地继续走这条创业路。

不忘初心逆风而翔

从华励振现在的发展来看，这几年的业绩目标已经圆满完成，公司队伍组建上的要求也已经达到。回顾之前几年的发展，每一年都有新的增长，这无疑是喜人的成就。

现在华励振已经渡过了考虑企业生存的阶段，进入了良性发展的状态。但是对创业团队的人来说，这还远远不够。每天都会有新的问题新的挑战，

勇立浦江潮 "创"梦新时代
——上海高校毕业生创业典型人物集

院士专家工作站铭牌

他们还想要寻求新的发展新的转机。在浙江的"车间"如果要扩大规模,就必须注资。正如其他的大学生创业企业一样,企业发展到这个阶段也面临着资金问题。国家有规定,企业承接项目时,项目总资金不能超过注册资金的五倍,这对华励振来说是一个大问题。如果要增资,就需要从流动资金里面抽一部分出来,但是现在钱都在各个项目里没办法抽出来。有几条途径可以解决公司的资金问题,引入风险投资是最直接的选择。公司现在正在洽谈风险投融资事宜。魏振经过反复的思考并参考了专业人士的意见,他希望风险投资进来后,除了可以带进资金让公司的资金链延续,减轻公司发展的压力以外,同时也能够给管理团队带来丰富的经验。当然,最好还能带来业务资源,但是同时具备这三个因素的投资者暂时还没有找到,他还在继续寻找。

纵观整个市场,华励振还面临着同类型企业的竞争。正如魏振所说,因为有竞争,才能说明这个东西是有市场的。竞争各方都还在探索阶段,谁能坚持下来,做好它,谁就可以成功。创业的途中还会有无数的困难与挫折,会经历残酷的竞争,会面临更多的难题,谁都没有预知未来的能力,现在魏振只能鼓起勇气,逆风而翔。

"想做就做吧!"是魏振送给所有想要创业的同学的话。作为创业者,你不需要什么都很擅长,但是要什么都会一点;不需要很精,但是要知道怎样才能平均。就像三国里的刘备,什么都不比别人强,论武功不如张飞,论智谋口才不如诸葛亮,但是却能让这些人都为自己工作。作为一个领导者,必然是在某方面比较优秀,在其他方面多少有些认知的人。但是,并不是每个人都适合创业。一个人,要清楚自己的角色,清楚自己的性格,有的人擅长与人打交道,适合做销售,但是有的人就是学院派的,不能强求。

华励振的成功某种程度上还要归功于公司的科技成果，这也与学校的支持紧密相连——学校老师和同学的研究成果是强有力的后盾，创新创业的资金支持也一定程度上减轻了公司的财务负担。华励振在刚刚成立时，除了在公司经营上存在许多问题，在市场营销上也踟蹰不前，这是大学生创业遇到的普遍问题。大学生创业非常难，不管是经验、人力资源还是资金，他们都非常欠缺。学校也非常关心他们的发展，安排相关的老师和专业人员对他们的创业团队进行培训，并跟踪调研他们的发展，为华励振的发展助力。魏振对于学校的支持和帮助一直心存感激，立志在不久的未来为母校争光，报恩母校。

创业途中艰难重重，但其中也隐藏着希望，需要企业勇于拼搏，才能打磨出最好的产品和经营方式。当企业刚刚成立，还在学校和政府的扶持下时，除了要好好利用学校和政府提供的优惠条件，还需要进一步培养自己应对竞争、解决难题的社会能力。成功的企业需要很好的团队管理能力、良好的市场营销和比较稳健的资金链，只有这样多方面的组合，不断地尝试改革，才能让企业成功。

把低碳环保阅读推向全国

尚晓辉 山西运城人。上海虞衡文化传播有限公司创始人兼总经理。2013年毕业于上海第二工业大学计算机网络安全专业。第四届上海青年创业先锋候选人,上海市慈善教育培训中心校友会会长。2012年,尚晓辉和团队成员揣着2 000元的启动资金,在上海第二工业大学创办了金海攀月书店,专门经营二手书收购、仓储及网上销售,曾实现单日营业额6万元的业绩,获得投资机构百万元融资。2015年,他成立上海虞衡文化传播有限公司并任总经理,致力于图书循环,推动图书全民低碳环保共享,公司旗下"渔书"已成为国内领先的二手图书循环共享平台。目前平台已经积累178万多名注册用户,总存书量超过400万册,共享图书馆117家。

自强不息　历经磨炼

"我是一名90后特困大学生,在我的成长路上,得到了政府、社会、学校特别是上海市慈善基金会的帮助,实现了我的创业梦想,成了一名青年创业者。我的创业经历告诉我,梦想通过努力是可以实现的。"在事业上已经小有成就的尚晓辉在第二十三届"蓝天下的至爱"慈善系列活动中如是说。

1990年,尚晓辉出生于山西运城。他刚出生不久,就遭遇家庭变故,家中

把低碳环保阅读推向全国

渔　书

尚晓辉

负债累累。"家里贫困如洗到连学费都交不起的地步,后来在奶奶的坚持下,我才完成了小学到中学的学业。"从小学、初中再到高中,他的学费都是依靠政府补助和学校减免。他说,没有这么多人的关爱和资助,或许早就辍学了,更不要说上大学了,因此,自己一路走来都是怀揣一颗感恩之心。穷人家的孩子早当家,尚晓辉还要用稚嫩的肩膀挑起家庭的重负,在中学的寒暑假和课余时间,他都会去打零工或者做点小生意,也就是在这个时候他与二手书结下了情缘。当时,他看到身边的很多朋友高考结束后立马就把教材、习题当作废品处理掉,心里很不是滋味。"有些书甚至是全新的都当垃圾处理,作为读书人很不是滋味,简直是暴殄天物啊。这些书为什么不可以循环使用呢?"于是,尚晓辉就瞄上了即将毕业的高三同学手里的复习资料,他和另外一个同学一起借钱,以低价收进来,再转手卖给低年级的同学。不过,当时的尚晓辉并没有将此作为一项事业,只是想暂时用来补贴学费和家用,真正作为创业项目要到他上大学之后了。

生活的困苦并没有击垮尚晓辉,反而磨炼了他的意志,使他更加珍惜来之不易的学习机会。2010年,尚晓辉以优异的成绩考取了上海第二工业大学。

与二手书再续情缘

国际化大都市的繁华与魅力让尚晓辉颇感新鲜与惊奇,但大学四年的学费和生活费问题摆在他的面前。怎么样才能顺利完成学业?怎么样才能减轻家庭负担?思来想去,他选择了创业。但选择什么方向,又使他陷入了迷茫。就在这时,学校与社会爱心人士施以援手,让尚晓辉参加了NEFT创业培训班。该培训班是由第二工业大学与上海慈善总会培训中心合作开办的课程,配有专业导师、创业专家指导团、专业教师和知名校友等为主体的创新创业教育指导队伍。在培训中,尚晓辉学到了项目选择、创业计划、经营管理、风险规避、政策保障等知识。

在创业导师手把手地指导下,他理清了创业思路和方向。在大一先后尝试"二手棉被""平安夜平安果"等几个项目后,他把目光再次转到了二手书上。大学教材、课本的浪费程度比中学更为严重,由于缺少二手书交易的渠道和平台,几十块钱的书被废品收购人几块钱一斤收购,若每所高校每年的毕业生以五六千名计,则每年至少有几万册的书被贱卖,上海这么多高校,每年被浪费的书简直是天量。尚晓辉认为,书籍不同于其他物品的地方在于承载了知识,知识不会因为被使用过而贬值,只有让合适的书籍转到合适人的手中才能发挥其最大的价值。另外,他认为二手书交易对于推动节能环保,也有着非常大的现实意义。他查阅相关资料发现,目前很多小造纸企业每造1吨纸要耗费水100吨甚至300吨。他做了一个推算,按每本教材平均1斤重计算,也就意味着生产1本书平均要消耗100—300瓶500毫升装的水。

创业路上做加法,也做减法

创业之初,先是选址。2010年上海世博会后,每所高校都留下一个世博会城市志愿者服务亭,二工大的志愿者服务亭,位于教学楼前,每天经过的人流量很大。2013年4月,学校举行创新创业大赛,决定通过比赛确定志愿者服务亭的使用权。尚晓辉提交了团队的参赛方案,最终通过答辩等环节,金海攀月二手书店从12个创新创业项目中脱颖而出。尚晓辉团队拿到服务亭的无偿使用权,学校还为他们提供了一笔启动资金,免除水电费,并借助学校的新媒体平台、校园刊物等进行推广。

创业项目,以何取胜?尚晓辉带领金海攀月创业团队的成员,花了大量时间走遍上海、北京、南京、武汉、西安等城市的30多所高校的二手书店。经过认真细致的市场调研,他们发现了二手书市场存在的三个主要问题:一是书本随意堆放,需要时寻找有困难;二是规模较小,定价随意;三是二手书存在

勇立浦江潮 "创"梦新时代
——上海高校毕业生创业典型人物集

卫生问题。

于是，尚晓辉有针对性地开始自己的二手书经营模式：开发使用专门的书籍录入和检索系统，对图书的上架和检索进行规范；利用所学电商知识，开发线上线下销售一体化平台；参照国外二手书的经验，订制专业消毒柜，保证每一本书都经过专业的消毒修复。"二手书价格低廉，但不代表服务低廉。"在他看来，顾客的阅读体验提升了，人们是乐于购买二手书的。有别于其他书店脏乱差的环境，金海攀月二手书店很快打开了市场，并在上海高校圈小有名气。2013年底，经学校推荐，尚晓辉带领金海攀月二手书店创业团队参加了由共青团上海市委与第一财经、宁夏卫视共同发起，携手众多投资机构共同打造的电视节目——《梦想创业团》。在节目现场，二手书创业团队获得了100万元的融资。获得融资的尚晓辉如虎添翼，将此销售模式推广到了上海其他8所高校，并在2014年9月1日实现了单日营业额6万元的业绩。

随着书店发展的蒸蒸日上，不断有机构投资人向金海攀月二手书店抛出橄榄枝。对此，尚晓辉显得很冷静："学校领导、创业导师都曾告诉我，不论公司规模大小，都要做一个有责任心的创业者。我不能光看钱，有时候要做做减法。"于是，他在全面客观地分析公司运营现状后，决定先优化内部管理，明确下一步发展方向，而不是一味地扩张规模、粗放经营、谋取利益。他最终谢绝了投资人的好意。

创业之路，也有辛酸。创业之初，因存有8 000本书的仓库要移为他用，仓库管理人让团队一周内搬离。当时，团队难以承受临时租借仓库的成本，不得已做出了艰难的决定：将8 000本书全面清理后挑选部分卖给废品收购站。那天尚晓辉和另一名合伙人一边分挑书籍，一边往废品回收车上装，从早晨到傍晚，才挑出近4 000本书。眼看这些书籍又将成为废品，创业成果付之东流，两个大男人的泪水夺眶而出。然而，创业者更要守信，最终，4 000本装上车的书卖给了回收站，剩下的书继续留存。"把书卖给废品收购站的那天，好像自己失去了孩子一样，心酸、心痛、心碎。"在创业中的五味杂陈，对尚晓辉来说印象最深的莫过于这次。

饮水思源　反哺社会

一路走来，尚晓辉一直满怀感恩之心。他认为，自己从一个贫困家庭的孩子到大学生，再到企业的负责人，离不开政府、学校、社会爱心人士的帮助和关怀。创业项目规模和实力的稳步发展与提升，激发了尚晓辉反哺社会，践行公益的强烈责任感。为此，他成立了公益事业部，专门开展社会公益项目，先后多次联合高校及社会组织，赴西部地区为当地中小学捐赠图书，为社会上多家志愿者机构向西部捐赠的图书进行免费消毒，并资助了新疆数十位在校贫困大学生。尚晓辉和他的团队在做公益的时候不光为当地的孩子带去了书籍，也向他们传播循环低碳环保的理念。每次捐赠图书时，他都会对孩子们说，这些图书都是循环使用的，等大家看完后，新的书又会循环到你们手中，而你们看完的书

尚晓辉在上合组织青年企业家圆桌会议上发言

会转到其他小朋友的手里。尚晓辉觉得低碳绿色不仅是一个口号,而是关系到每个人的日常生活,因此如何引导青少年参与低碳环保行动是需要思考的问题。

针对当前有的企业借公益之名,行商业之实,甚至把捐赠对象作为营销的棋子,尚晓辉感到很痛心。在他看来,公益不是简单的捐赠财物,而是一种教育,不仅需要站在孩子们的角度去考虑他们的感受,而且要授人以渔,通过公益让孩子们成长才是真正的目的。勇于担当社会责任的尚晓辉,在2014年当选上海市慈善教育培训中心校友会会长。

尚晓辉很乐于向有创业意向的大学生们分享他的创业建议和意见:兴趣是创业最好的老师,只有自己热爱的事业才有信心有毅力持续下去;在生活和工作中要多观察,留意细节,多积累生活经验。丰富的为人处世的阅历是创业成功的重要因素;在遇到挫折时,除了坚定的决心外,更要及时提升自我,完善自己的知识储备,提高自己的专业素养。

"全民环保阅读"再出发

毕业以后的尚晓辉不仅仅关注校园内的二手书,还将业务重点拓展到了校外。2015年,他成立了上海虞衡文化传播有限公司。如果说原先的金海攀月二手书店的线上平台是一个1.0版的"B2C"电商模式,那么现在尚晓辉已经搭建成的则是一个全新的2.0版"C2C"电子商务平台。客户不仅可以通过该平台购买二手书,还能进行二手书出售。"我们的网络购书渠道已经铺展开,顾客下订单后,国内再偏远的地区也能三天到货。"与此同时,尚晓辉开始积极布局线下实体书店,他认为实体书店的氛围和阅读体验是线上无法比拟的。在浦东新区政府的支持下,目前公司已经在浦东新区曹路镇开设了54个二手书共享阅读室。

在谈及未来企业的发展计划时,尚晓辉表示会坚决推行"低碳+全民阅读"的经营理念。"很多人认为二手书是个没有技术含量甚至老土的经营项目,但在我眼里是新兴的朝阳行业。一方面低碳环保一定是未来国内经济发展的趋势,同时也是未来生活的新风尚。另一方面,国内的人均阅读数量远低于发达国家,要实现中华民族新时代的伟大复兴,就要提高国民素质,而国民素质很大程度上取决于阅读量。所以,我想把低碳环保阅读推向全国,促进国民素质提高。"尚晓辉对未来充满了期待,"日本的二手书连锁店BOOKOFF年营业额700亿日元以上,美国也有几家做二手书上市的企业,而我国仍是一片亟待开发的蓝海。"

创业的动力源于创业的初衷

穆振兴 陕西西安人。芳香世家创始人,国妆集团总裁。2014年毕业于上海理工大学管理学院系统科学与工程系。2016年被聘为上海理工大学大学生创业教育科创教授。先后荣获"2016杨浦区十大创业先锋""全国大学生创业指导老师""第七届全国大学生创新创业论坛特等奖""全球创业基金会会员""福布斯中国30岁以下精英"等荣誉。

憾别北大　开启人生新方向

2010年7月,穆振兴以20分之差,与心心念念的北大错过。坐了十多个小时火车来到上海时,他并不曾想到,这里将成为他未来的舞台。90后穆振兴在初入大学时就加入创业大军,他一次次在互联网风口起舞,并成为护肤领域新生代创业者。

现实与理想的落差,让他急切地想证明自己,他决定先从自食其力开始。大一时偶然的机会,他接触到了一份会展布置的兼职,有几位兼职者不能如约赶到,于是他张罗了几个朋友一起做这项工作。出色地完成工作之后,穆振兴获得了主办方的信任,后来再有这样的活动,主办方都会直接交代给他。从发单页的兼职起步到参与多项重大活动会务后勤,一路坎坷,是数不清的通宵达旦与假期加班后的历练。他先后承担艾瑞集团2010年艾瑞年度峰会（上海）、2010中国（上海）网络视听产业论坛、2012年宏碁&阿里巴巴战略合作暨宏碁高端云智能手机发布会等的会务工作。2012年高中母校筹备105周年校庆，穆振兴入选"105校庆陕西省西安中学十大青年学子"，并在《西安晚报》报道。大一的这次机缘巧合，不仅使穆振兴收获了人生第一桶金，在参与会展的过程中，数不尽的新技术理念和各行业的大咖，也让身处象牙塔的他满足了好奇心："那会儿给自己打开了另外一扇窗户——原来这个世界很大，很多东西是你想象不到的。"

作为90后白手起家的创业者，人称"少帅"的穆振兴已然是个资深创业者。2010年，穆振兴走进了上海理工大学的校门，他以发单页的兼职起步，一步步加入创业的大军中。这一年正是新媒体爆发前夕，在与搜狐创始人张朝阳畅聊后，他便开始带领高校团队征战微博市场；正当新媒体市场风生水起时，穆振兴却预测游戏的下一个风口是O2O市场。2011年，他加入拉手网，并带领其进入团购市场，一举获得行业40%的市场份额；在经历拉手网美国上市失败后，他便离开团购行业，自主创业O2O项目，目前因被物流行业某巨头收购而退出。短短几年，他一次次在互联网的风口起舞。

大起大落　挫折才能带来成长

采访中，穆振兴两次说到"创业是带着光环的慢性自杀"，这其中的无奈和调侃，恐怕只有经历过的人才明白。2013年，穆振兴把创业方向转移到了快递行业。针对当时大学校园内快递杂乱无序、物流末端效率低下的问题，他构想出了"宝盒"概念——将快递整合，应用O2O理念建立一个"基地"。没想到，因为不懂这个行业，加上自己比较年轻，受到不少"欺负"和打压。"那时候公司基本每个月都要亏10万元，更难的是，当时所有的员工还罢工要求涨工资。那会儿彻底没钱了，一天花10块钱吃饭，晚上在路边抱着一堆快递睡觉。"

从孤身来到上海大都市到带领50多人的团队，穆振兴凭着自己的勤奋与打拼，在获得他人帮助的同时，和有志于服务社会、共创未来的青年朋友们共同成长。当然，创业之路并非一帆风顺，随着团队人数增多，团队管理问题也在增加。作为一个90后创业者，如何管理90后、80后甚至70后团队，是穆振兴面临的最大难题。

"我们的团队很年轻，很多85后、90后。管理这群人不能单纯地用薪酬和职位来激励他们，还要给他们营造一个快乐温馨的工作环境。"穆振兴说，他一直在摸索新鲜而有趣的管理方式，让员工在开心的工作氛围中学习和收获。

在他看来，只走一条路，只拼一个梦。人因梦想而伟大，机会永远属于那些有准备并立即行动的人！天道酬勤，相信命运掌握在自己手里，付出终有收获。善待自己的梦想，并为之而奋斗。坚信把细节做到极致便是绝招。

穆振兴始终相信，人生没有什么事情是做不到的，"宝剑锋从磨砺出"。最困难的时候，他就咬牙坚持，从精神和信念上给自己信心，哪怕在路边哭一场，也不会轻言放弃。面对心电图一般大起大落的生活，他却怀着创业者的天性越挫越勇。

大三那年，他感到十分迷茫，看不到未来的方向，于是选择静下心来回归学校。每天早出晚归泡图书馆，读各种自己感兴趣的书，穆振兴用了七个月时间把自己之前读的科目全部重修了一遍，绩点从不能毕业的水平直升至年级前列。

事业爆发　建立化妆品帝国

爱美之心，人皆有之。"在我看来，'美丽事业'是一个拥有持久生命力的领域，因为人们对美的追求是不会止步的。"谈到"美"，拥有新身份的穆振兴如数家珍。

2014年，正值互联网+的浪潮席卷传统行业，化妆品市场也焕发出新的活力。这对穆振兴来说，正是一次弯道超车的好机会。经历过新媒体、团购、供应链浪潮的他，清晰地预感到线上线下的化妆品趋势，便集合所有资源投入化妆品电商领域，成就了如今健康护肤领域的新生代。

创业初期，他考量了许多不同的发展方向，最终决定创办一个天然植物精华品牌。于是，"SH. Spicery House芳香世家"进入了大众的视线。SH是芳香世家的英文缩写，它代表着对安全、绿色原生态的守护以及对品质的追求。"植物护肤已占据了欧美等发达国家化妆品市场60%左右的份额，并且每年还在快速增长，而国内市场却还有很大空白。"穆振兴感慨道。

"只有消费者认可了，我们的产品才算成功。最初在淘宝上一年营收了3 000多万元，2016年增长到了3.45亿元左右，而在2017年，芳香世家完成5个亿的销售额。"穆振兴将一个个数据娓娓道来。

聚美优品的陈欧说，SH开拓了一种时尚界、媒体界、化妆品结合的新零售思路，同时，它打造了围绕供应链协同与效率的新零售模式，降低了创业的复杂性。

2016年，经过数年沉淀，穆振兴苦于自己品牌创立时间短，即使拥有强大的渠道销售能力，也不能完全获得消费者信任。他无意中知道一家拥有20年历史的化妆品护肤品牌寻求收购，经过分析研究，他认为这家公司拥有多年的品牌沉淀优势，而自己拥有渠道优势，正好可以优势互补，于是果断决策，斥资收购该公司品牌，拿到了"国宝"等重量级品牌。他又把总部正式迁到上海，坐落于亚洲最大综合枢纽商务中心地标建筑——凌空SOHO。

目前，国妆集团形成了业务涵盖化妆品研发、生产、销售，健康科技开发研究，化妆品产业服务的集团公司，在新时代下，成为化妆品新零售标杆企业。目前公司已经建立起了以化妆品贸易销售为引领、以化妆品工业为支撑、以大健康商业为纽带的科工贸一体化产业格局，产业形态涉及研发、加工、生产、分销、物流、进出口贸易、学术推广、技术服务等全产业链条。国妆集团最早源于1997年的"国宝"品牌，在过去的20多年里，国妆集团一直秉承"健康、天然、高效"的理念，注重天然资源的开发、整合及综合运用，凭借企业的雄厚

国妆集团内景

实力,充分运用国际顶尖科技,在化妆品产业及人类美丽健康事业中形成了突出优势。目前国妆集团旗下拥有SH. Spicery House芳香世家、华表、国宝、MeiSkin、迪芮等众多品牌,并拿到了彩妆、药妆等重量级商标。特别是经过国家商标局批准,将代表中华民族的"华表"作为国妆集团注册商标,表达了国妆集团打造中国领袖化妆品集团的决心和使命。

2016年,穆振兴带领公司通过在全国范围挑选出上千位气质网红和护肤达人参与旗下品牌深度试用、推荐,真正实现朋友圈的口碑传播。"现在,大部分爱美人士缺乏护肤经验,他们会在日常生活中因为部分网红强力的推荐而'种草拔草'(因网红推荐而购买)。因此,我们邀请上千位气质网红和护肤达人参与芳香世家深度试用、推荐。"

为了增强国妆集团的产品研发能力,他们与法国护肤研究所展开了深度合作。如今,国妆集团也收购了自己的工厂,具有美国GMPC和欧盟ISO22716生产规范的双认证,自配10万级无菌生产车间。

为了将线上线下完美融合,穆振兴在上海、北京、舟山、温州、苏州等地建立分公司和护肤产品生态馆;在核心商业圈布局100多家专卖店、专柜;在全国布局1 500多家终端皮肤管理中心。"采用O2O的互动营销,即采用线上线下结合的乐趣营销,先喜欢后购买;我们让消费者自发地认可产品,只有这样,我们才能真正地打开市场。"

随着企业的不断壮大,各种荣誉与头衔接踵而来:2016上海国际创业周"30位30岁以下创客",教育部"全国优秀创新创业导师",教育部、科技部"第六届全国大学创新创业年会"创业项目奖,共青团中央"全国大学生创业百强",入选2017年中国"30位30岁以下精英"榜单。同时,他还获得过鸠山由纪夫、傅振邦等的接见和鼓励。穆振兴还被上海理工大学聘为客座教授,教育部颁证"全国大学生创业指导教师",担任上海市渭南商会副会长、共青团陕西省委驻沪团工委委员等社会职务。面对这些荣誉,穆振兴有着与自己年龄不符的老成:"不以物喜、不以己悲,现在的成功不代表以后就会达到怎么样的高度。我的人生路还很长,最重要的是去继续尝试与探索,这才是生活的本质,至于其他我看得并不重。"

他认为,创业的动力源于创业的初衷。只有真正热爱目前的事业,因为爱创业才去创业,才能做到风雨兼程,勇往直前。"作为一个创业者,如果在创业

穆振兴

的过程中，厌烦你现在所做的事，那可能不是真的爱创业以及目前所做的事。"关于创业压力、创业困难，穆振兴也只用了简单的几句话就概括了："其实创业路上的那些苦，只有你熬过了，才能只用寥寥数语概括，因为你已经熬过了今天和明天，你已经看到了后天的太阳。那些过去的风雨，不过是生命中的一片乌云，飘过就散了。"

"这些年经历这么多事情，给自己一个沉淀梳理的过程。"有舍才有得，能退才能进。在他看来，人生就是一个不断超越的过程，严格要求自己，每分每秒都必须提高效率产生结果。"每一个时期都要反思自己，一定要比之前做得好。我给自己的要求是，三天做一个定位与反思，如果我和三天前的想法是一样的，我就会觉得我的人生是倒退的。"正是因为有这种怀疑自己和超越自己的精神，穆振兴的创业路愈发广阔。

想活着就要有自己的独特姿态，"有自己独立的思考能力和思维体系"，在穆振兴看来，这是创业者最需要的素质和能力。当被问到如何看待大学生辍学创业，或者毕业即创业时，他连忙摆了摆手："如果从我的角度来讲，我情愿多上上课，多学点东西，毕业后一定先工作一段时间或是找一个有经验的人去合作，也不会自己盲目地去创业。因为盲目创业当中，你将经历的苦，你将经历的挫折，实在是太多了，无论是精神上的压抑感，还是心里的迷茫。除非自己的创业趋向特别强，同时找到一个特别好的东西或者方向，也可以去尝试，但是千万不要荒废学业。"

创业前行　越挫越勇

叶　超　上海人。上海银哲信息科技有限公司创始人、总经理兼技术总监，上海创览会展服务有限公司总经理兼技术总监。东华大学2012届计算机专业本科毕业生，东华大学2015届计算机专业硕士毕业生。

大学前，与互联网的邂逅

1997年的夏天，叶超家迎来了第一台电脑，父母让他从小就接触电脑，参加各类计算机培训以及计算机竞赛，从Logo语言到Pascal，再到C++，从计算机语言到算法，再到服务器架构以及实际应用开发，就这样一路学计算机学到大学，对于Office、Adobe等常用软件的使用比同龄人早了很多年。2000年前后，随着搜狐、网易、新浪的相继上市，互联网迎来了第一轮发展高潮，这对还在上中学的叶超产生了非常大的影响。他立志大学要选择计算机专业，未来要从事互联网工作。叶超从初中起就开始盘算着，要么针对当时网页普遍比较简单丑陋的情况，从设计的角度切入做互联网，要么从计算机程序开发的角度切入做互联网——未来上大学的专业选择在这个时候已经埋下了种子。

2008年，叶超顺利地进入了东华大学计算机学院。刚进大学的时候，他充满了新鲜感，大一的时候曾想过靠卖空瓶子发家致富。一天晚上，叶超和一个同学在自习室门口猜拳,约定谁输谁就进去问学长学姐要空瓶子。一个月下来捡600多个瓶子,卖了60多块钱,觉得人又累钱又少,就放弃了这个念头。但是,这一经历却很好地锻炼了叶超与陌生人打交道的能力。

大学,朝着既定方向努力

专业知识的积累是必不可少的,在个人能力的提升上,叶超从不含糊。大学期间叶超不再注重参加各类竞赛,而专注于实际的产品研发。即便如此,选择计算机专业而非设计专业,注定了在对社会有所贡献的道路上,是需要团队合作的。为了能够胜任一个好的领导者角色,从小有武术基础的叶超,担任了东华大学武术队队长和武术社社长的职位,以此磨炼自己的管理能力。同时,他积极参与各种课余活动,担当负责人,积累人脉,准备在毕业后大干一场。

人总是在悲伤中获得前进的方向

2012年的春天,是毕业的季节,叶超满怀希望召集身边6个可信赖的同学朋友吃了一顿大餐。原以为事情会如同预想中那样进行,但现实的巴掌抽得他一脸郁闷,没有一个人愿意一同创业,理由是:生活问题需要工资支持;从没有接触过市场的恐惧感;业务不够稳定。除了以上三个问题之外,可能还包括没好意思说出来的,即团队的技术水平是否能与大企业相匹配的问题。

悲伤是有的,但是叶超没有放弃,当意识到自己作为公司负责人还欠缺很多条件时,叶超当机立断,与在场的同学朋友表明态度:自己家庭条件不算贫穷,会坚持下去,会先读个研究生,在此期间将人脉关系转化为看得见的行业市场和摸得着的稳定业务,三年后研究生毕业,大家再见。

能力和资源的积累

2012年冬天,叶超以咨询顾问的身份进入埃森哲实习,服务国家电网一年时间。进大企业,并不是叶超的理想,但大企业的管理运作经验,是必不可少的,是必须要学习的,是值得借鉴的。

2012年至2015年,累计14个网站项目以及系统研发项目,占据了叶超大部分工作日的课余时间,也帮助叶超提升了多个领域的开发经验以及运营经验。曾经频繁出入体育馆习武的他,现在一心只想在创业这条路上的同行者面前证明自己的实力。

2012年至2015年,累计68份互联网家教记录,占据了几大家教网的家庭教师授课榜首,也占去了叶超几乎所有周末的空余时间。

叶超的想法是这样的:既然要做互联网,必须更加专注于积累转化与此相关的各领域资源。其一是磨炼自己的技术水平。其二是计算机家教。乐于让自己的孩子学习计算机的家长,除了高中会考以及大学补考的可能性之外,无非是以下三种情况:① 准备让孩子参加竞赛,以后留学美国的;② 孩子自身喜欢计算机,会深入研究的;③ 家长自身就是大型企业高管,需要孩子在将来的互联网时代能够不被时代落下的。根据家教网公开的家教地址,三种情况极好筛选判断,前两种情况为叶超几年后的技术力量以及国外项目资源做了长远的准备,第三种情况则为叶超打开市场找到了一条最直接的路,同时也培养了叶超在与人沟通中的换位思考的意识。

底层技术架构sccloud

2013年的冬天,云平台的概念正如火如荼地传播开,他开始有了一个想法,要做一朵逻辑"云",这朵逻辑"云"要方便,要安全,要能拆卸,要能够在这朵云的体系上建立多个业务系统且互相不冲突,要能非常简单地扩展业务逻辑,要能迁移到各类的操作系统上,要能够打通多个终端设备入口,要能够包容各种不同层级不同权限的用户同时使用,要能统一处理各系统间的安全问题,要能……

从技术的角度切入做运营,是叶超定下的总体战略方向,缺少运营的互联网技术产品,是没有生命力的,是可以外包的,是拿来磨炼团队技术水平的。

第一个项目:零食来敲门

2014年,研究生在读期间,叶超团队的第一个自主研发运营的项目是"零食来敲门"。这个项目由每个楼的一个寝室承担进口零食的仓储和配送工作,根据学生每日下单情况进行数据分析,推算出下周的销售量,每周进货一次。在刚开始运作的时候,项目达到了不错的效果:一周内仅朋友推荐,就有7栋楼的寝室愿意承担这个工作,以此来赚取一些零花钱;并且在一幢楼的一个楼层试点一周,结果平均一个晚上能卖出30单,盈利30元左右,这就意味着整个30幢楼210个楼层的盈利,一天可以达到6 300元的样子,而每个寝室每天晚上仅仅需要抽出2个小时左右的时间即可办到,比起勤工俭学,简直是再好不过了。正当叶超团队把苗头对准寝室配送+勤工俭学的时候,一个噩耗传来,后勤宿管部门插手项目运营,不让学生将零食堆放在宿舍内,理由是容易引起火灾。这一棒子打下来,叶超团队的项目就做不下去了。可以想象,即便在公关层面上与母校达成合作,但是推广铺开至各个学校是不可能的事情了。第一个项目就此夭折,而叶超团队收到的教训就是:行政体系很重要,法律法规很重要。

第二个项目：天生我才

2014年，叶超团队第二个自主研发运营的项目是"天生我才"。这个项目的出发点是为了聚集高校内各类有才华的同学（称之为能力者），以社交的形式服务于市场上家教、兼职两大应用场景。用户可以通过定位查找附近的能力者，快速匹配能够提供服务的人。该产品的定位与支付宝推出的"到位"极其相似，虽然时间上超前很多，但却没有支付宝"到位"用户体量庞大，在市场推广上也碰到了很大的瓶颈。究其原因，主要是当下烧钱运营模式的必然性——竞品很多，在铺天盖地的广告面前，烧钱是唯一的出路。腾讯在此项目上愿意投资100万元供叶超团队运营，但是烧钱并不是叶超所期待的，同时100万元的推广经费几乎没有意义，因此项目在收获了200+的能力者、20万元的线上流水的情况下，运营162天后宣告结束。叶超团队又收获了一个教训：不擅长运营方向的他们好像不应该直奔运营。

一 棒 子

2014年，陷入深思的叶超团队在琢磨一个事情，虽然两个自主研发的项目以失败告终，但是实际上验证了sccloud技术架构的可行性。这是一个具有较高可扩展性的技术架构，是否能找到一个应用场景，这个场景下包含了各种各样的小应用，需要快速迭代开发，同时又可以被复制到各个私有云内。这是叶超团队最擅长的，也是他们在分析市场环境后得出的最好的出路。

开始的时候叶超把市场对准高校团委部门，因为团委负责高校活动居多，需要快速迭代的可能性最高，同时基于高校需求的多样化特征，大部分企业

叶超(左)工作照

无法切入学校。这时出现了以"校校""校园司令"为首的多家互联网高校活动产品公司,宣称覆盖了数百家高校,这个调研结果对叶超团队来说是迎头痛击。

来自易班的转折点

叶超的研究生导师为他带来了一个好消息,学校易班正在找研发团队做基于易班系统的二次开发。叶超开始并没有很重视这个事情,然而在确定了应用场景之后,团队成员便眼前一亮——这正是团队需要的。

2014年末,同样是6个人的晚餐,这一次,有3个小伙伴加入了进来。

2015年,银哲科技,一支从东华大学易班工作站走出来的队伍,作为全国最早基于易班系统的二次研发团队,现如今与易班上海总部达成合作,基于sccloud的整体架构设计和落地的执行效率,以极少的团队成员,高效地服务全国各地大学的易班建设工作,为高校师生提供各类教育教学、生活服务、文化娱乐的轻应用,相继开发了高校易班UIS认证系统、高校迎新系统、高校思政课程系统、高校百科机器人、高校点单系统、高校微课系统、高校活动报名抢座系统、高校网薪兑换系统、高校美食推荐系统等近20个深受师生欢迎的校内应用系统。目前每年有上百家高校前来咨询将易班与本校实际要求相结合的解决方案和系统开发的项目需求,包括东华大学、南京师范大学、西南财经大学、立信会计金融学院等数十家高校直接与银哲科技签订服务合同,由银哲科技长期承接各大院校的易班系统开发工作,服务校园的易班运营工作。公司同时在两个省中心达成试点合作,帮助以省为单位的各大院校积极推进易班工作。

与此同时,凭借叶超研究生时期积累的高管资源,企业也相继为中国商飞、敏实集团、宝马中国、普华永道等大型公司提供系统研发服务,并以技术交换的方式换到了一处风景不错的大楼办公室。

叶超(右一)工作照

毁灭性打击

公司规模发展到12人时，擅长技术研发的叶超团队，准备从几个行业项目切入进去，做稳定的技术支持，并以技术入股交换其他业务公司股权的方式，谋求长期稳定的利益，在更多维度上验证sccloud技术架构的可行性。

在此过程中，团队放弃了500万元的收购，却躲不过其他公司的欺骗。在长达一年的时间里，公司遭受了毁灭性的打击，使得公司的人数骤减到一半。

叶超在与其他公司合作的过程中，过于信赖口头上的约定，对公司造成了不可逆转的损失。10人左右的技术团队，一年工资得上百万，在连续三个月亏损并由叶超自己垫付工资后，叶超的同事回忆：那天跟其他六个同事描述公司支撑不下去的时候，叶超是哭着说完的。

同事们出于理解，并没有为难叶超，但此时叶超意识到：创业，是要对同事负责任的。

一步步发展

人数减少后，公司开始了新一轮的稳步发展。

2016年的夏天，叶超在参与"聚创好项目"路演时，与中国风险投资有限公司签订了250万元的投资意向书，但最终因为双方理念不合而宣告合作失败。

目前，除去高校教育行业的产品线之外，银哲科技正在积极筹备新的公司，同样基于sccloud高效的开发架构，以高新技术整合为核心竞争力，以应用场景为基础，为众多行业领先的业务公司提供高新技术支撑，并获得500万元投资。

三年前，基于母校学生处的信任，团队以工作室的形式入驻在易班的技术开发部门。三年来，团队为母校开发了不少基于易班的轻应用和系统，这不仅成为前期技术原始积累的重要来源，也是公司早期的经济来源。

sccloud是基于世界观的技术创新云平台，这套架构经过一年的努力，至少在开发效率层面优于同行业50%，也在日后的市场服务过程中显示出了非常大的竞争优势。基于sccloud，拓展多业务领域方向变得不再遥不可及，公司日益壮大。然而在搭建这套平台体系的最初，团队中各样的争议屡见不鲜，有的合伙人认为应该以外包业务为主，有的合伙人认为应该以某个业务方向为主，而叶超坚持以技术创新为主。事实证明，外包业务会断，业务方向会崩，但是以叶超团队擅长的技术领域创新为指导方向，不仅有挑选的余地，更有超强的竞争力。

在公司运作过程中，不可避免地会遇到各色各样的合作伙伴，有的推心置腹，携手共进，有的利欲熏心，欺瞒诈骗。当然，一切的一切，权当是磨砺自身，改变不了社会，只有强大自己，适应并保护好自己。

感　　悟

创业是什么？叶超认为在不被物质压垮的情况下，做自己想做的事，这就是创业。创业，首先要有物质基础，如果生活压力很大，对于公司和个人来说，创业的风险都很大。其次，创业要有坚定的目标，创业路上其实有很多诱惑，有很多陷阱，如果不坚定的话，很容易被套进去。有些创业者付出很多却没有回报，其实就是因为改变了初心，导致没有办法聚精会神做一件事情。最后，叶超认为挑选创业伙伴是整个创业过程中最重要的部分。同时创业伙伴最好家境稍微好一点，因为公司刚起步时难免会遇到利润不好的情况，衣食住行这些现实问题都解决不了，就很难再谈梦想了。

公益创业的"草根筑梦师"

杨云帆 秒职网创始人，零度品牌CEO。2016年毕业于东华大学旭阳工商管理学院电子商务专业。第十届中国大学生年度人物候选人。大一时创立了"东华挖掘机"微信平台，半年内粉丝突破6 000名，一年内超过10 000名，累计发帖2 700篇，总计浏览量突破400万次。在此基础上，他还创办"秒职网"，以服务学生实习就业为己任，搭建Web App互动平台，吸引可口可乐、施耐德、花旗银行等200多家知名企业提供实习就业岗位，半年内受益者超过1 000人次。当下网络用语中有一句"不忘初心"，常常用来形容"不忘记最初时候人的本心，懂得感恩的人们"。杨云帆就是这样一位"不忘初心"的CEO。

白手起家的"东华挖掘机"掌门人

2012年，微信等手机社交软件如火如荼发展迅猛，那时候刚刚大一，杨云帆开始尝试与朋友合伙组建一个微信公众号，立足校园，服务同学，深入挖掘一些热门、新鲜、好玩的新闻资讯，推送给身边的小伙伴，"东华挖掘机"的名字由此得来。

万事开头难，从人员招募到项目组成立，从熬夜写代码到线上线下活动推广，略显内向的杨云帆做梦也没有想到，一个小小的"草根"微信平台会在半

杨云帆

年之内火爆东华校园,并从此一发不可收拾。

"超越自我"是杨云帆的一句口头禅。原本不爱说笑,但是为了推广"东华挖掘机",他必须"放下身段",从身边同学着手,一个一个串寝室、求关注,宣传自己一手打造的微信平台;原本不喜欢计算机,但是为了更好地提升用户体验,他必须主动学习写代码,设计"微信墙"等应用插件,在大型活动中用微信互动的形式,为积攒人气打下基础;原本不懂时尚前沿,但是为了以"内容为王"吸引读者,他必须关注新闻热点,以同学们喜闻乐见的网络语言将校园新闻"再加工",并在内容上"接地气",比如把所有活动搜集起来的"东华一周",源自学习生活的"东华暴漫",还有让同学线上社交的"东华勾搭",还有让大家能够以物换物的"东华易物",等等,深得同学喜爱。

正是在不断地"超越自我"中,杨云帆和他的团队用半年的时间实现人气"爆棚"。"戏谑的语言调侃热点话题,幽默诙谐又不失青春正能量",同学们谈到"东华挖掘机"时往往给出这样的评价。

短短半年的时间里,"东华挖掘机"粉丝突破6 000名,一年里超过10 000名,平均每3个东华人就有1个是"东华挖掘机"的粉丝;截至2014年11月,累计发帖已达到2 700篇,总浏览量突破400万次,成为当之无愧的网络意见领袖。

不忘初心的"秒职网"CEO

在创办"东华挖掘机"后不久,杨云帆和他的团队又开始创建"秒职网"。谈及创办"秒职网"的动机,杨云帆坦言,主要源自身边小伙伴在网上找兼职"被黑"的一次经历。2013年,当时大二的杨云帆将自己全部的热情、精力投入"东华挖掘机"的项目运营中。从早忙到晚,回到宿舍之后,室友刘子芃愁眉苦脸地向他"吐槽"找兼职遭遇了黑心中介的"窝心事",几百块的中介费白白打了水漂,原本还指望着通过兼职补贴生活,现在反倒雪上加霜。杨云帆一边安慰室友,一边思考:能否尝试着做一个大学生自己的网络平台,免费为同学提供实习就业机会?

说干就干。杨云帆毅然决然地放弃了一手创建的"东华挖掘机",转而将全部的时间、精力投入另起炉灶刚刚组建起来的"秒职网"。凭借着先前积攒的平台运营经验以及人脉资源,杨云帆力求将秒职网打造成一个全新的网络平台。

相对于"智联招聘""58同城"等大型网站,秒职网采用小口径的发展模式,以Web App的形式接入当下热门的微信平台,大幅度节约网站设计成本。与广撒网模式的社会招聘相比,秒职网将客户群体定位于在校学生,职位主要包括会务人员、市场调研、活动策划、模特演出、家教等,更加贴近学生需求。在一般招聘网站找工作,需要经过注册、登录、输入个人信息、搜索应聘职位、筛选、确定等环节,烦琐复杂,费时费力,而秒职网从一键登录到确定报名,只需短短几秒,极大地缩短了等待时间,提升了用户体验,真正实现了

"秒职",在找工作之余还可以通过分享朋友圈的方式,与小伙伴们分享自己的求职心得。

正是基于这些优势,秒职网从2014年3月上线开始,便赢得了大量用户的青睐,并吸引了如施耐德、可口可乐、网易、携程、百姓网、一号店等知名企业入驻。截至2014年11月,秒职网已累计帮助1 000多人次找到兼职或实习。该项目的成功运作,也吸引了如苏河汇等著名孵化机构的目光,在项目申报中,秒职网得到专业机构评估市值为250万元,最终从800多个申报项目中脱颖而出并成功立项。

服务同学的"创业领军人"

自秒职网上线以来,广大同学交口称赞,而杨云帆的创业事迹也在学生群体中形成示范效应,杨云帆俨然成为同学们心目中的"创业领军人",感召了一批志同道合的小伙伴投身创业大军。来自信管1302的张小红就是杨云帆的忠实粉丝,正是出于对偶像的尊敬与崇拜,她选择加入秒职网创业团队。

"在学校中,虽然杨云帆学长既不是成绩最优秀的,也不是学生干部,但是他能自主创业,并且为同学服务,这种克服困难的勇气和服务同学的精神,让我特别佩服。"张小红这样说道。

2014年4月,刚刚大一的张小红正在某网站寻找兼职信息,一边耐心地筛选性价比高的工作岗位,一边小心翼翼地谨防受骗。这时,朋友圈转发的秒职网信息吸引了她的目光,"花旗银行行政专员实习岗位,如此'高大上'的实习机会,不正是梦寐以求的吗?"抱着试试看的心态,张小红尝试了几次,没想到实习岗位"真的很靠谱"。后来,经过多方打听,发现是学长创办的公司,杨小红对杨云帆的崇拜油然而生。

和张小红有类似经历的同学不在少数,整个东华大学延安路校区,相当一部分同学在秒职网上找过兼职,对杨云帆的名字耳熟能详。而杨云帆总是非常低调地坚持"做好自己":带领团队拓展市场,搜寻更多实习机会;编写程序,修复bug,提升用户体验;管理公司,完善组织框架,激发团队活力。

杨云帆认为,秒职网的发展潜力在于进一步丰富完善"人性化"理念,通过增加"奋斗目标"的小插件,同学们可以为自己设定一定的小目标,如"这个月不向家里要生活费""提高人际交往能力"等,通过这些小目标激励大家将精力更好地投入实习就业中。在他看来,只有更加注重人性化的用户体验,更加关注同学们的需求,才能做出更棒的产品,才能取得更好的业绩,才能达到最初的创业目标。

商海浮沉的"青年企业家"

"做企业,就是伴随着风险与成功,焦虑与希望,绝望与幸福。动荡和多变是常态,企业做得越大,起伏越大,并没有什么能够取代企业家的焦虑和如履薄冰的战战兢兢。"杨云帆如是说。

理想虽然"丰满",现实终究"骨感"。走在创业的路上,杨云帆虽然有校内平台的运作经验,但是以前毕竟是"小打小闹",而秒职网却直接把他的团队带到了残酷的市场竞争中。

有很多次,他去投资方或公司谈合作项目,对方认为他是在校大学生,太单纯、没有实战经验、缺乏社会阅历,婉拒投资和合作。在他坚持不懈的努力下,项目最后获得了投资人的支持。"当得知项目获得投资人投资的那一刻,我吃的所有的苦,都变成了甜。"杨云帆如是说。

2014年底,原本志同道合的创业团队分崩离析,这对杨云帆而言也是极大的打击。当时读大二的杨云帆正值课业繁重阶段,再加上秒职网的筹备工作,他的世界早已变得"昼夜不分"。别人睡觉的时候,他的工作才刚刚开始,写计划、做展示材料、思考如何谈项目。创业一个月，原本就消瘦的身材，体重减了10斤，脸色苍白。室友劝他毕业后再创业，杨云帆却说："这不可能，我的目标一旦确定，十匹马拉我也不回头。"

创业历程并非一帆风顺，除了团队的分崩离析，他也经历过业务方向探索的失败。就在杨云帆与同伴们踌躇满志准备大干一场时，投资方突然撤资，理由是业务领域和经营理念不同。杨云帆的公司遭遇第一次灭顶之灾。

"市场不会因为你是学生就网开一面"，"投资人撤走全部资金，我们身无分文。我们真正感受到了创业的艰辛"。当时，公司的一切只能用困顿二字来形容，连办公室租金都要向房东赊账。杨云帆认真总结这段经验。他把学生创业分为两类，一类是以服务内容的变化与革新为内涵的服务创业，另一类则是以新技术为核心的科技创业。他认为，无论是文科还是理科的大学生创业，都应以服务创业为主。大学生最为优良的素质表现为创新的理念与创新的活力，而我国的服务行业又正在一个发展与完善的转型过程中，大学生完全可以发挥自己的优势，在服务行业里大显身手并取得成功。

学生创业初期与社会、市场有一个磨合过程，这个过程是对学习能力、创新能力、管理能力、控制能力、洞察力等诸多实践能力的锻炼。杨云帆在起伏的商业环境中不断地磨砺自己。就象牙塔的成长历程而言，他们没有资金，即使在最艰苦的时候，他们也在想办法如何去生存，如何去发展。这种困境对象牙塔的创业者们的各种能力锻炼很大，促使他们成长为素质比较全面、吃苦耐劳的创业者。

许多人认为杨云帆成功了，他却不这样认为："我觉得我们离真正的成功还很遥远。只能说我们对于创业做了尝试，并取得初步成功。"在他看来，四年的创业过程就是不断遇到困难和麻烦，然后不断去解决。

2017年，摸爬滚打许久的杨云帆终于迎来了事业中较为顺畅的一年。2017年与马应龙护理品合资成立武汉挖创，共同创立小马奔奔品牌；同年合资成立南宁挖创，创办零度品牌；2018年计划投资校园领域和网红领域的微电商品牌。

凝心聚力的踏实创业者

"中势指的就是市场机会。市场上现在时兴什么,流行什么,人们现在喜欢什么,不喜欢什么,可能就标明了你创业的方向。"杨云帆这样解释自己的成功,"我觉得我成功的因素里面有这样一条,就是我能够做到与人分享。我现在研究很多案例,比如三株、太阳神等企业是怎么成的,怎么倒的。他们成功以后员工和主要干部都是什么样的福利待遇。我们中国有个现象,就是一个新兴的行业一旦做火了以后,紧接着就会分岔。好像只要做了一个给老板个人带来暴富机会的产品,之后这个企业很快就会销声匿迹,这是一个值得我们关注的现象。比如说一个口服液,做火了以后,紧接着就会出现很多很多同样的口服液。你想一想,做这些口服液的人都是从哪儿来的呢?都是从原来的公司里派生出来的。这里面有高薪挖墙脚的原因,更多是老板自身的原因。"他认为一定要有一支凝聚力特别强的队伍。一个搞企业的人要懂得与他人分享,真心分享,公平分配利益。这样做了以后,这种坦诚会产生很强的凝聚力。其实这样做,同时也保护了带领初创企业的自己,因为分出岔以后,要用更大的广告量去抵消对方的竞争。以真诚相待,每年的广告量就可以减下来不少,无形中还是保护了自己的利益。

杨云帆现在做母婴品牌,大家觉得那么容易,好像是一蹴而就似的。其实并非如此,他知道作为一个创业者,谈判的技能必不可少。他知道他当时的合作伙伴是一个谈判高手,所以每当有机会与合作伙伴一起进行商业谈判的时候,他总是将谈判内容一句句地记录下来,回家再揣摩、学习,看看双方怎样分析问题,怎样提出问题,又是怎样回答问题的,他就这样学习。

杨云帆说,并没有哪个成功者在智力上有什么出类拔萃之处,比如智商高到180、200之类的。相反,这些成功者有一个共通之处,就是都非常善于学习,非常勇于进行自我反省。

市场经济不同情弱者,也不会给任何人实习的机会,大学生创业火焰般的热情是否能够融入市场经济的大潮,当然仅靠热情是远远不够的,创业意味着冒险和付出,也意味着失败和挫折。杨云帆为此付出了四五年没有节假日的艰辛。杨云帆鼓励在校大学生敢想敢做,但又强调必须能够经受得了种种挫折和市场经济大潮的考验。他相信创业者在经历了最初的创业冲动和付出之后,一定能走向成熟和冷静,对创业和成功有更深的理解。

汇聚全球技术
　　助力企业升级的追梦人

林贤杰　上海迈坦信息科技有限公司创始人。上海交通大学生命科学技术学院2015届硕士毕业生。其致力于科技服务、企业服务、技术成果转移转化一站式创新平台建设,已获数亿元融资。短短数年,上海迈坦信息科技有限公司先后荣获2017年度中国科技创新十大领军企业、2018年中国科技创新领导品牌、2018年胡润研究院上海技术转移机构新锐十强等荣誉。当前,林贤杰正为实现公司"打造全球技术枢纽"的宏伟蓝图砥砺奋进。

不安分的交大学霸

　　山东寿光,我国最大的蔬菜种植基地,也是我国大棚蔬菜集散交易基地。当地有数十万个蔬菜大棚,在发挥产业集聚效应的同时,长期大量使用化肥、农药,对大棚的土壤造成污染,严重影响蔬菜的品质,大棚土壤亟须修复。然而这是一项科技含量极高的系统工程,往往涉及修复工艺、修复调理剂、修复装备等方面的技术。对此,当地的农民和农技人员一筹莫展。而在上海,如何使先进的土壤修复成果落地,转化为真正的实用技术,正困扰着上海化工研究院土壤环境工程技术中心的研究员。有"需"也有"供",但信息不对称,加之

汇聚全球技术　助力企业升级的追梦人

林贤杰

缺少对接的平台，造成中间"一团黑"。就在此时，上海迈坦信息科技有限公司（简称迈科技）介入其中，通过对平台上国内外先进的农业土壤技术和专家的资源整合，并联合上海化工研究院土壤修复技术中心，对寿光土地污染情况进行分析，结合当地特点制定了一系列修复方案。经过一年时间，迈科技对修复后的土壤实验进行验证和跟踪，结果喜人，得到了政府及种植户和专家的高度认可。

这家力促产学研合作，打通创新技术链条"最后一公里"公司的创始人是位90后——林贤杰，高考以优异的成绩从西南边陲考入上海交通大学生命科学技术学院。与上海交大的其他学霸不同，大学期间的林贤杰显得"不学无术"却又硕果累累，创办多家公司，其中包括一家教育培训机构；同时也是社会管理创新的实践人，曾是500多人的NGO（非政府组织）负责人；还是受大家关注追捧的小红人，曾在江苏卫视《一战到底》节目中获得过冠军。他直言，虽是生命学院的学生，但大学期间主要精力并没有放在专业上，大学里真正收获的是主动发现问题、探究问题和解决问题的能力。"大学期间，大部分同学是先知后行，为了学习知识，然后了解社会。我却刚好相反，先行后知，先去了解社会，再认知自我。大一时我就在思考我来读大学是为了什么，自己想不出答案,所以我想通过加入一些社会组织来了解自己的能力、定位、喜好。"大二期间,他创办了一家支援云南山区教育的民间公益组织,他认为了解社会各方面最好的途径就是NGO,"因为NGO的工作非常复杂,牵扯到方方面面,作为第三方与社会最高层到中层再到底层民众都要打交道。我的初衷是考虑到这个组织的社会意义,同时这个组织也非常锻炼人,也希望通过这种方式认识社会"。作为该组织的负责人,他事无巨细皆关心,不但要对山区的教育情况做实地调研,收集第一手数据资料,而且要协调各方面的关系。在林贤杰的带领下,团队成员密切合作,不畏艰辛,公益组织的各项工作都取得了良好的实效。尤其是他们为当地的一所小学捐建教学楼的事迹,得到了当地民众的肯定与赞誉。在林贤杰看来,NGO的这段工作经验让他各方面的能力得到了质的提升。"首先,通过协调政府、媒体、企业家、基金会间的关系,对社会机构运转方式和逻辑有了全面的了解。其次,整合资源与解决问题的能力增强。我们都是些大二的学生,在没有资源的情况下,只能依靠自己去解决。如在捐建教学楼过程中,所有的费用都是我们向企业化缘而来的,而教学楼的设计和规划是请学校建筑系的同学完成的。最后,组织管理团队能力提升。志愿者们都是没有工资的,怎么去团结他们并且把事情做好是个问题。我想最核心的原则是同一个团队要有同一个梦想,人心齐,泰山移,只有大家抱着一个梦想,才能组建、管理好一支团队。"在他看来,团队的带头人在事业发展中至关重要,带头人要有极强的事业心,才能发挥头雁效应,激发群雁活力。

公益组织项目结束后,林贤杰创办了一家教育机构,接触了人力资源、财务管理、市场营销等工作,各种能力得到了进一步锻炼。2013年,他还做过天使投资人,募集到几千万的资金投资相关的创业项目。在做投资人的一年半时间里,林贤杰发现国内的科创环境虽然有了巨大的改善,但是在科创成果转换方面仍存在较大的问题,各环节之间普遍存在"最后一公里"的问题。当前,国内很多资本不愿进入科创研究领域,主要原因就是科研成果无法落地生根,无法由纸变成钱。其实可以搭建一家服务高校科研机构和企业的协同创新平台,推动供需双方的有效对接,使科创成果走出"深闺",服务社会需求。

"上海及长三角地区是高教重地,同时又是制造业中心,在创新驱动转型的背景下,无论是高校科研院校还是企业的需求,都十分旺盛。"林贤杰凭借灵敏的市场嗅觉发现了一片蓝海。

初出茅庐,一鸣惊人

"我赶上了好时机。"2015年两会上,李克强总理在政府工作报告中提出要把"大众创业、万众创新"打造成推动中国经济继续前行的"双引擎"之一,同时指出,大学生是实施创新驱动发展战略和创新创业的生力军,让支持大学生创新创业在全社会蔚然成风。正是在这样的背景下,上海高校形成了鼓励创新、敢为天下先的校园文化氛围,各路创业大学生精英不断涌现。

林贤杰注册成立了上海迈坦信息科技有限公司。他认为,上海交大完善的创新创业人才培养体系和服务平台及优质的校友资源,对公司的发展起到了非常重要的作用。公司成立初期便得到上海交大校党委、团委、双创学院的大力支持和帮助。"朱健副书记等领导多次到公司调研,给出了很多指导意

林贤杰接受上海大学就业指导中心采访

见,并且帮助我对接一些商业资源。在软、硬件设施上也提供了便利,我们公司是首批入驻交大全球创新创业实验室的公司。"在学校的帮助下,公司还拿到了上海市大学生科技创业基金20万元资助。另外,团队核心成员全部来自上海交大,他们都有着非常漂亮的履历,有的曾是创造年营上千万的基因测序公司创始人,有的曾就职于国内顶尖云计算重点实验室,还有的是有十几项发明专业的科创达人。"团队成员视野开阔,而且有浓厚的创新基因。"在林贤杰看来,人永远是创业中的核心,作为创始人,至少三分之一的精力要放在选人和团队组建上,"这是黄金法则"。

2015年,校园O2O、P2P、消费互联网、共享单车等处于风口,成为资本市场追逐的热点,而科创成果项目却无人问津。"看到别人的行业如火如荼,心理肯定会有落差,这时候选择科技成果转化方向到底对不对,也有过犹豫。但我坚信自己的行业处于黎明前的破晓,在全球化背景下,国内企业依旧走高消耗、粗放型的劳动密集型发展模式肯定是不行的,只有技术创新,依靠核心技术才能赢得市场竞争力。迈科技将在其中发挥积极的作用。"后来的事实证明,林贤杰的判断是正确的。同年,林贤杰团队推出了线上线下相结合的技术对接服务平台——MetaLab。MetaLab类似Uber模式,基于精准匹配与对接技术,核心任务是"link technology to industry",即"沟通技术与市场"。该平台能将技术供方和需方的"关键词"变为数字标签,在线进行搜索与匹配,最终把配对结果定向推送给双方。在对接与合作过程中,网上平台使得企业与科研团队的技术交易过程可以进行可视化跟进。同时,结合线上,迈科技与科研团队一起,帮助企业解决研发中棘手的技术问题。"企业从提出需求到敲定合作,大部分能在一个月内完成,用时最短仅7天,接洽效率是传统模式的3至4倍,大大降低了企业的成本。"

公司第一版网站上线不久,就引起了各方的关注,吸引了耶鲁大学、剑桥大学、上海交通大学、南京大学等25家高校技术供应方入驻。到第二版网站上线后,入驻高校及科研院校和企业以每周200%的数量增长,引起多家机构的关注,公司开始呈井喷式发展。2015年10月,完成著名财团天使融资,第一家子公司在温州成立;2016年6月,完成顶尖风投A轮融资,于上海交大国家科技园成立迈科技产业研究院,专注技术项目落地;2016年7月,平台注册的全球技术专家突破1万人,覆盖20个国家;2016年8月,迈科技技术对接平台交易额总额突破1亿元;2016年11月,子公司上海联坦化工科技有限公司获国资委批复,成为中国历史上第一家专注技术转化的公私合营公司;2017年5月,完成国际资本A+轮融资,成立1亿人民币规模迈科技技术转化基金……

"饮水思源",怀揣宏伟梦想

迈科技进入快速发展期,取得了良好的社会效益与经济效益,但林贤杰并没有止步不前。"饮水思源",他在创业过程中一直怀揣着坚定的信念与理想主义,不断追求个人价值、企业价值和社会价值的统一。林贤杰回忆刚入学时,校党委书记马德秀为大一新生做的《选择交大,就选择了责任》的主题报告:"选择了交大,就是选择了责任!这是一种社会的责任,一种历史的责任。今天你以交大为荣,明天交大必将以你为荣。"至今他依然历历在目:"我深受感染,当时在心里就播下了一颗种子,交大人就要有家国情怀和社会责任感。虽然我不是科学家,但我不缺少科学家那份爱国热忱。我现在做的促进科技成果转换,其实是非常具有社会意义的。"党的十九大报告中明确提出创新是引领发展的第一动力,是建设现代化经济体系的战略支撑,同时要深化科技体制改革,建立以企业为主体、市场为导向、产学研深度融合的技术创新体系,加强对中小企业创新的支持,促进科技成果转化。"这对迈科技来说是巨大的机遇,未来市场前景一片光明。"目前,公司重点关注领域有能源环保、材料科学、化学化工、生农医药、机械电子等。

2018年,迈科技开启了"城市合作站计划",旨在整合当地科技创新资源,协助地方政府调整产业结构,助力城市经济转型升级。目前,浙江、江苏、山东、湖北、湖南、哈尔滨、新疆等省份地方政府相继加入,与迈科技开展深度合作。林贤杰觉得自己处在一个伟大的时代,生逢其时,怀揣着伟大的目标。"未来我们会成为很多企业的研发部,企业会把销售交给淘宝,而研发交给我们。现在已经有 2 000 多家企业的研发需求交给我们,实现了产学研的顺畅衔接。打造全球研发枢纽是我们公司的愿景,助力国家产业转型是我们的使命。"

当被问及对当前年轻创业者有何建议时,林贤杰不愿用打鸡血的方式鼓励初创者,而是保持着工科生特有的冷静和谨慎。"创业成功其实是偶然事件,而失败是必然的。"他认为,创业是自己的一种生活方式,一项事业,"创业是创办一个事业,不等同于做生意。创业过程中你会面临很多选择,很多诱惑,是为了解决社会需求,还是为了蝇头小利?是为了宏伟的目标,还是安于现状?这些都是创业能否成功的关键。"他提醒道,每个人都是独特的个体,遇到的问题也各自不同,所以创业并没有标准的模板可以仿效。只有做到"四不要",创业成功的可能性才能更大:"不要惧怕他人的看法,不要人云亦云,不要模仿他人,不要和他人比较。"

机器达人的创业之路

李睿深 海南人。上海深夏信息科技有限公司总经理。2013年毕业于上海理工大学机械设计制造及自动化专业。作为"机器达人"的他,大学期间热衷于机械发明创造,取得多项发明专利,并在国际及国家科创比赛中屡次获奖。毕业后,李睿深选择创业之路,结合乐高积木及机器人设计等元素,致力于青少年科创课程研发及教育工作。

智能机器人成为进入大学的敲门砖

年轻的李睿深却有着20多年的机器人专研经验。自从4岁时得到父母给他买的第一套乐高玩具后,年幼的李睿深便开始痴迷于这款积木创意玩具,并展现出了极高的动手能力和创造天赋。在中学的时候,他凭借"能追踪声音的话筒"拥有了人生的第一项发明专利。这款奇思妙想的发明,源于对身边现象的观察和探究。一次,他发现学校老师们上台发言时因身高的不同要反复调整话筒,于是萌生了一个念头:设计一款可根据使用者身高而自动调节的话筒。于是,他利用课余时间,反复设计、模拟,有时甚至达到废寝忘食的程度,终于在一次次的失败中,发明出了这款机器。"在发明设计中,我只要认准一个目标就会坚持不懈。不懂原理不要紧,可以用实践去弥补,反复试验。如果还是不行,我就先在脑海里构建一幅蓝图,等掌握了一些理论和原理,再回过头来实践。"在一次次的发明创造中,李睿深动手能力越来越强,思维也越来越开阔,更重要的是他培养了不向困难妥协的精神。这为他日后的创业埋下了伏笔。

在常人看来,成天沉迷在机器设计发明中的李睿深应该是个木讷、不爱说话的宅男,但实际上他是个非常健谈和活泼的大男孩。性格开朗的他一方面喜欢埋头发明创造,另一方面也乐于和同学们打成一片,并且具备极强的领导力。大学期间先后担任过寝室长、科技创新社社长、班长。用他的话说,动手能力是继承了其技师父亲的基因,而善于与他人交往的能力则继承了其企业主管母亲的基因。

到高三时,优异的创造能力和动手能力成为李睿深进入大学的敲门砖。2009年4月,李睿深来上海理工大学参加保送生考试,并带来了自己设计制作的井字棋机器人。面试当天,全国各地的优秀高三学生云集上海理工大学,他凭借这个智能机器人,成功地吸引了老师们的注意,成为当天的焦点,进而顺利通过了面试。

大学阶段的科创生涯硕果累累

面试后到大学开学有五个月的空闲时间,在这期间他更是起早贪黑、废寝忘食,将自己关在实验室里研究魔方复原机器人。当时国内并没有魔方复原机器人的先例,魔方复原机器人比井字棋机器人出现的情况复杂繁多。李睿深独立设计整套思路,将人的解法编写到程序中,记录了几十上百页的数据。辛苦的付出总有丰硕的回报,最终魔方复原机器人成功研制出来了。

结果一开学他研制的魔方复原机器人就受到学校老师的高度重视,军训结束的阅兵式上,在辅导员老师的安排下向时任上海理工大学书记的燕爽以及其他领导展示了这个作品。到大一时,李睿深在基础学院李四忠院长的支

2013年5月,李睿深及其团队从美国参加OM世界头脑奥林匹克大赛夺冠归国

持下创建科技创新社,从此有了自己的小团队,潜心创新创造。大二来到校本部更是不断参加各种各样的比赛,做了很多科创项目。

锲而不舍的创业路

李睿深的大学生活可谓丰富多彩,由于4岁就开始玩乐高,所以,在动手能力、空间思维、逻辑推理方面的能力都很强。大学时做了很多机器人方面的兼职,包括做机器人培训教师、课程研发,并且开始培养自己的团队。大四时,李睿深将团队成员派到学校和机构去给学生们上课,真真切切地接触社会。

临近毕业,李睿深自然而然地想到了创业,此时的他有技术、有团队,也有一些支持他的家长。由于刚刚从美国参赛回来,获得了OM世界头脑奥林匹克大赛大学组冠军的好成绩,时任上海市委书记的韩正接见了李睿深和他的团队,韩正书记亲切地慰问每个团队成员大学毕业后有什么计划。团队成员中有一名说去美国留学,一名说去日本留学,一名说去学校做科技老师,李睿深则回答说要创业,做中国青少年儿童的机器人教育事业,韩正书记听了非常满意,并给予鼓励。

创业初期总是会面临不少困难,好在他有锲而不舍、永不放弃的精神,因而顶着烈日也要派发传单,想方设法做宣传提高知名度。他一开始是在一间公寓楼开了一个工作室,后来随着业务的拓展将团队搬到了杨浦区国顺东路。创业近五年,李睿深在全国开设了多家门店,团队已小有规模。

由于自身对机器人研究深入,所以李睿深的教学模式与一般的培训机构有很大的不同。他们会根据每个学生的年龄、兴趣、特长,有针对性地为每个学生选择适合的课程。上课方式也颇具特色:围绕一个提出的问题来设计解决方案。这可以充分调动孩子的积极性,在解决问题的过程中锻炼孩子的动

2016年11月,李睿深带领学员赴德国参加机器人竞赛

手能力、开发思维,最重要的是培养永不放弃的精神。正是因为有不向困难妥协的精神,李睿深才能克服创业过程中的重重阻碍。创业几年来,李睿深培养了众多优秀的学员,在机器人领域出类拔萃,他还带领学生们前往德国、爱沙尼亚参加世界机器人大赛,并获得优异成绩。

在创业过程中,也遇到过许许多多的困难。

技术出身的李睿深,一开始并不懂如何做市场营销,光有好的内容,却迟迟没有客户上门,只能在不断地尝试中学习,弥补自身的不足。他主要是通过发传单、做活动、与其他机构合作、网络宣传等方式,渐渐打开了局面。

创业初期,招聘进来的老师,李睿深花费大量精力培训,使其成为骨干员工,但是由于学员少,给老师开的工资不高,结果被人挖走了,一时间又乏人接续,导致发展受阻。后来加大招生力度,上调老师工资,就稳定了许多,同时进行梯队式人才培养,这样即使有员工离职,也不影响公司运作。

后来公司里员工多了,员工的性格各不相同,每个人的需求也不一样,尤其现在90后的员工,都特别追求个性。起初公司用同样的标准去严格规范每个员工,但员工感觉受到了约束,不能很好地创造价值,员工之间也难免因为利益问题而产生矛盾。后来公司进行了一些人性化的调整,将无用的制度去除,鼓励员工更好地发挥能力,创造价值。

学员越来越多,李睿深无法顾及所有的学员,有很多学员都不认识,直到学员把一个阶段的课程学完了,不再续费,才发现存在一些问题。后来建立了专属顾问模式,每位学员都有专门人员进行维护和回访,提高了家长和机构之间的黏性,出现的问题也可以及时得到解决。该办法施行后,不少学员学完一期课程,感觉满意,表示还愿意继续购买学习新的课程。

创业就是不断遇到困难、解决困难、总结提高的过程,每经历一次挫折,虽然可能会有些损失,但不论是对创业者还是公司,都是一次积累,都是为走得更长远打基础。

李睿深表示他的目标是完善团队,将分店开遍祖国各地,将自己的理念和技术传递下去,为更多青少年提供更好的机器人教育和学习平台。现在的李睿深在工商税务、团队管理、市场营销等方面的能力都有了很大的提高,回看过去经历的种种困难,能走到今天这一步真的很不易。然而创业还在继续,未来的一切都是未知,但有着身边每一位良友的助力加上作为一名创业者所具备的坚韧和毅力,李睿深坚信,自己一定能带着团队走向辉煌。

永怀感恩之心

谈到最想感谢的人时,李睿深首先想到了自己的母亲,是她陪伴他度过人生中的一个个重要转折,总是默默地支持着他。然后是大学里的老师,每个老师都非常关心他的学业与生活,特别是朱坚民老师,作为李睿深大学时期的导师,朱老师对他十分照顾,同时以更高的标准严格要求李睿深,让他参与很多项目,学习很多新知识。而在大四临近毕业时,正是因为辅导员尚娅老师的鼓励,李睿深才坚定了创业的信念,走上了创业之路。一转眼已经过去五年了,这一路上母校也一直支持着他的事业,他所创建的机器达人品牌也越做越强。

2009年9月,上海理工大学党委书记燕爽参观李睿深的作品魔方复原机器人

在大二这一年，李睿深接触到了OM世界头脑奥林匹克大赛。他与光电学院的一位同学一同组织，在各学院共召集了7人参加国内选拔赛，虽然时间仓促、缺乏经验，还是取得了国内第二的佳绩。到了大四，这个团队经过人员调整又一次参赛。在中国区比赛中，他和小伙伴们克服自身学业压力，每天花大量的时间，出创意、做道具、调试装置、模拟配合。有时候道具做不完，突然又有好点子，他们会不顾辛苦和做了一天道具的麻木，先把新点子实验一下。谁都没有想要中途放弃，因为既然决定要做就要做到最好，所以一直在不断地改进不断地实验。在团队成员的共同努力下，OM团队一路披荆斩棘，高歌猛进，直接杀进了中国区决赛。当然也遇到了各种各样的问题，制作的电动小车在制作的轨道上跑不起来，运用的光敏电阻受环境影响较大，怎样使他们的装置更有创意，怎样的传输方式是有创意的，问题总是层出不穷，但李睿深和小伙伴们竭尽所学、相互配合，跨过了一道道障碍。最终，OM团队从中国区408个参赛队中脱颖而出，取得第一名的优异成绩，也顺利地拿到了代表中国参加在美国举办的第三十四届头脑奥林匹克竞赛世界决赛的入场券，李睿深和队员们激动的心情无以言表。决赛中，李睿深和队员们克服语言上的困难，默契配合，他们在面临参赛装置突发故障时所表现的沉着冷静，给场下观众留下了深刻的印象，最终他们一举夺冠，成为中国首支参加该赛事世界决赛并取得最好成绩的大学生队伍。

伉俪携手同行的创业梦

张 楠 上海同化新材料科技有限公司创始人。2009年毕业于同济大学环境科学与工程学院给排水专业。她从小就对环境保护充满兴趣,而大学里专业的学习研究不仅使她得到了许多收获和成长,更使她萌生了创新创业的念头。

初 次 相 遇

大一假期回家时,张楠看到许多纺织厂和化工厂的固体废弃物堆放在外。这些废弃物严重污染了当地的空气和土壤,引起当地居民的强烈不满。那时候刚上大学,时间比较充裕,张楠就采集了一些化工厂的废弃物样品拿到学校,想要分析研究一下。在学院老师的帮助和指导下,经过仔细分析研究,她惊讶地发现,这些废弃物的产生过程和某种高分子有机材料的生产过程有某些部分是重合的。当时张楠就想,能不能着手把这些废弃物变成有机高分子材料?有了这个想法,张楠找到家乡的一家纺织厂,想在那里进行一个废弃物变有机高分子材料的实验。当时张楠不够自信,毕竟自己只是一个大一的学生,别人不一定会接受自己的想法,只是抱着试试看的想法向工厂负责人提出请求。没有想到工厂负责人对张楠的想法很感兴趣,觉得

张 楠

张楠的想法说不定能给工厂带来一些经济效益,便爽快地答应了张楠的要求。张楠就在工厂做了两年的实验。这个工厂本身就生产有机高分子材料,但是他们都是通过传统的途径,即利用精制棉来生产有机高分子材料,而没有利用废弃物生产。精制棉,在当时大概每吨1万元,现在棉花价格上涨,已经超过1万元了。而纺织厂废弃物在两三年以前,几乎是不需要任何成本的。废弃物,对大多数企业来说都是一种负担,他们很乐意有人能免费帮他们处理这些垃圾。如果能用废弃物代替精制棉制造有

张楠获"2014福布斯中国30位30岁以下创业者"称号

机高分子材料,化工厂可以节省相当多成本。张楠在这个工厂的实验取得

了意想不到的成果,这使她创新创业的念头更加强烈。

当时张楠还遇到了一个可遇而不可求的机会。河北一家美国跨国企业,专门用带籽棉生产种子,生产过程中产生了很多废料。美国的法律规定,美国企业在任何地方产生的废料,都必须及时处理干净。中国没有能够处理那家企业废料的工厂,废料必须运回美国进行加工处理。而把废料运回美国,运输费用相当高昂。于是,这家美国企业就不想把这批废料运回美国,打算就地处理。张楠听说这个消息,立刻决定留下这批废料,因为这家美国企业的废弃物与她想要的原料非常接近。张楠用这批废弃物来做实验,结果特别理想。当时,投放实验的那家工厂,也受到很大的震动。从那时起,张楠和那家企业就建立起了长期的合作关系,负责那家工厂的废弃物利用方面的技术指导。不过,张楠当时也没有把废弃物利用这一块当作自己努力的主要方向,毕竟同济大学给排水专业的就业前景非常好,她不必担心自己的就业问题,打算多经历一些事情后再选择自己的就业方向。但是毫无疑问的是,这次尝试的成功增强了张楠的自信心,对于一直想要利用自己的专业知识进行创新创业的张楠来说,无疑是看到了未来创业方向的曙光。

这时,在学校"百团大战"(即大学生社团招新)中,张楠带着渴望创业的激情加入了同济大学idea精英汇社团,在那里她第一次遇见了来自设计专业的崔永坤。崔永坤是一个实干精神非常强的小伙子,有着很强的执行力和行动力,也非常细心,注重细节。而张楠面对事物总会犹豫,常常害怕因为自己没有完全的把握而导致失败,缺乏自信使她错过了很多机会。对于张楠来说,崔永坤的性格和自己截然不同,两人却互补得极好。两人在结交相处中,发现了彼此令人惊喜的各种相似点和对方的闪光点,共同的理想目标和世界观、人生观、价值观,也使他们更加惺惺相惜,成了好朋友。他们会一起在图书馆学习,一起解决疑惑难题,常常还会相约着结伴参加各种相关的讲座和参观活动。有一次,张楠和崔永坤组队参加了创新创业比赛,张楠在环境方面的专业知识和崔永坤在设计方面的专业知识相结合,通过努力,最终他们在比赛中获得了不俗的成绩。在准备比赛过程中,他们不经意地谈及了各自的梦想,张楠表达了自己对环境保护的关心和创新创业的梦想,崔永坤也表达了自己未来想要 follow my heart 的想法,两个人对未来都有着独立、自由且坚定的想法,这一相似点让他们两人一拍即合,关系也更进一步。张楠和崔永坤的相遇,使两个相同而又不同的人彼此靠近、彼此熟悉,找到一个朋友很容易,但能找到一个互补共进、志同道合的益友却不易。两个人对这份友谊的珍惜和重视,也为未来的共同奋斗奠定了基础。

再 次 相 逢

上了大三,参与社团活动的时间变得相对少了,崔永坤和张楠都忙于各自的学习,两个人相处的机会也变得很少,但这份情谊并没有因此断绝,而是等待着重逢的机遇。

大三的时候,张楠去美国波特兰州立大学做了一年交换生。那一年,张楠受到了非常大的震撼。波特兰的生态环境非常好,很多国际性环境会议都在波特兰召开。但是,几十年前,波特兰污染非常严重。据说有人做过一个实验,把一条鱼扔进波特兰的某条河中,观察鱼多少秒可以死亡。波特兰当时的污染程度可见一斑。但是,仅仅二三十年的时间,波特兰已经被治理得非常好。现在波特兰一般性的河流都是一类水,人可以直接饮用。一向热心于环境保护的张楠从美国回来之后,就一直在思考,为什么波特兰可以在二三十年内改变整体生态环境,而中国却不能呢?之前张楠也曾到云南做暑期社会实践。在社会实践中,她发现那里的环境问题比她想象的更加恶劣。环境治理是一个需要长期投入的过程,一般需要上百年才可能有成绩。如果没有长远眼光,很少人愿意踏足这个领域。那时张楠想,如果能把环境问题和实业结合到一起,应该是一条很好的出路,效益可以立竿见影。这样不仅可以改善环境,还可以带来经济上的效益,刺激更多企业家来做这项事业。这时,对于她来说,把环境问题和实业结合起来创业的想法更加坚定了。

勇立浦江潮 "创"梦新时代
——上海高校毕业生创业典型人物集

本科快毕业的时候,一位同学告诉张楠,上海市大学生科技创业基金会同济分基金会招募创业团队,并鼓励张楠申请基金,自己创业。虽然张楠有一定的考察和较为成熟的想法,但如果是自己一个人,还是缺乏信心。当时张楠犹豫不决,回去和父母商量。父母的态度很明确——鼓励她尝试着做一些自己喜欢做的事情。父母在张楠很小的时候就开始培养她的尝试精神,告诉她什么事情都要体验后才能知道是怎样的。年轻就是最大的资本,年轻的时候,不要害怕失败。趁年轻,多尝试体验,以后才不会后悔。张楠说,父母能给的最大帮助,就是在她最需要鼓励的时候给予她坚定的支持。虽然有父母和同学的鼓励,但是张楠对创业这件事情还是没有底气。父母能给的只是精神上的支持,而创业其实更需要的是专业人才的加入和专业知识的运用。在思索申请上海市大学生科技创业基金的创业团队时,张楠第一时间想到了她的老朋友崔永坤。崔永坤的耐心细心和较强的实干能力,总是能带给张楠一份信心。再加上大一、大二时在社团里和崔永坤的相处,也让张楠觉得他是一个值得信赖和值得依靠的创业伙伴。

但是,在张楠决定创业的时候,崔永坤正在意大利米兰理工大学学习PSSD(产品服务体系设计)。远在米兰的崔永坤听完张楠的创业想法后,觉得张楠的计划切实可行,又因为之前和张楠的相处,凭借着对张楠的了解和认识,便当下决定加入她的创业团队。

听到崔永坤应允加入团队后,张楠的心情非常矛盾,甚至有一些内疚自责。她一方面因为崔永坤的加入,因为这位默契且优秀的伙伴的加入而欣喜,另一方面内心也因为让崔永坤放弃了设计而挣扎。崔永坤在大学里主修的是设计专业,在大一、大二的交往中,张楠也感知到崔永坤对设计的喜爱和天赋。崔永坤学习了这么长时间的设计,为设计付出了很多,让他突然放弃自己擅长的领域和喜爱的专业,张楠于心不忍。但崔永坤却从另一个角度来安慰她,解释说他在设计领域的"放弃"——虽然他在设计领域可能走了很长的路,也经历了很多事情,在米兰理工大学学习的PSSD专业也能够帮助他谋得一份高薪职业,但是他和张楠一样,想要follow my heart,更想做一份自己的独立的事业。崔永坤本身就对环境保护充满兴趣,再加上之前和张楠的交流沟通,他觉得,一个女孩子想做一份独立事业的精神以及对环境保护的热情早已深深感动了他,这让他下定决心加入张楠的团队,一起创业,为自己的理想而奋斗。

大一、大二在社团活动里两个人的相处和交流,未知的缘分使他们两个相似的人相识,并不断拉近两个原本陌生的人的距离。在思想的碰撞和融合中,创业创新和环境保护的想法也在两个人的心里扎下了根。而本科毕业时,共同的梦想和相似的意志让崔永坤和张楠再度重逢,使两个仅仅同校的同学变成了事业上的伙伴,两个不同而又相似的人为了同一个梦想、同一个目标而互相打气、并肩努力。崔永坤和张楠的重逢,使他们的未来变得可期。

逆 境 同 行

在崔永坤的支持与鼓励下,张楠下定决心准备创业,于是她开始撰写创业计划书。由于她的创业计划已经和崔永坤进行了讨论,经过了深思熟虑,创业项目技术也很成熟,加上她想努力的环保方向也是国家政策近些年来大力支持的,所以创业基金很顺利就申请到了。在申请到创业基金之前,张楠有出国读研的想法。她在美国当交换生的时候,已经联系到愿意接受她的导师了。但是因为基金申请成功,机会难得,她又不太愿意用家里的钱出国读书,便放弃了出国的念头。她说,先赚点钱,如果以后还想读研,就能用自己的钱去读了。

崔永坤回国之前,张楠已经把注册公司之类的前期工作做好了。她把公司注册为"上海同化新材料科技有限公司"(简称"同化新材料")。筑巢引凤,就单等崔永坤回国了。成立之初,同化新材料首先要做好产品目标定位——公司的产品主要替代哪些产品?目标市场是什么?主要针对什么样的客户?所谓磨刀不误砍柴工,崔永坤和张楠一致认为分析好这些问题,有利于公司之后有的放矢。

勇立浦江潮 "创"梦新时代
——上海高校毕业生创业典型人物集

成立大概三个月后,同化新材料才开始进行第一个联合实验。实验耗费了大概一吨的材料。这期间崔永坤和张楠不停地做实验,客户有实验信息反馈回来,公司就改进。如此重复了很多次的反馈和改进过程,到2010年5月份,双方才正式敲定产品。做实业需要很多资金,之后,张楠和崔永坤又从家里筹集了一部分钱,家庭的积蓄几乎被他们的公司掏空了。实业公司与服务型公司不同。服务型公司提供服务,不久就能见到收入;实业公司是只要运营一天,就得不停地投入资金,需要投入到一定阶段才能回笼资金,而且回笼的资金也不一定能够抵得过投入的资金,因为有很多产品没有转化为资金。服务型公司,可能一次投资获得多次回报,回报必须大于投资才能生存;做实业的话,可能是多次投资才能得一次回报,这次回报还不一定能够抵得上投入的资金。

同化新材料现在的发展大体符合当初的创业预想,主要还是申请项目时的专利技术。只不过随着时间的推移,实验的推进,技术不断得到改进和完善。张楠和崔永坤早在社团生活中就曾讨论过这个问题,张楠说,想要完全应用好当初的专利技术,可能需要十年二十年的时间。专利技术就像根,可以延伸出不同的项目。公司基于纤维素技术大力拓展纤维素在有机助滤、动物营养、食品医药、化学添加等领域的应用。同时,公司也尽可能与国内行业顶尖企业合作,利用他人的资源,建立联合实验室,完善自己的技术应用。

创业过程中,团队最缺乏的是经验。如果公司从事的是IT行业或者是设计服务等行业,张楠和崔永坤皆有实力去做,因为两人之前一直走的都是学术性道路。但是碰到实体经济,他们需要和运输工人、客户、供应商、财务人员等打交道。这些领域都是张楠和崔永坤从来没有接触过的,所以他们倍感艰难。但面对困难,他们没有放弃,在学校老师的帮助下,不仅去参加相关的公共财务、知识产权、法律知识方面的培训和学习,还定期去听相关的讲座,提高自己的社交能力,补充创业所需的应用知识。他们还互相交流沟通,以最完美的标准来要求自己的团队,逆境而上。

国内大学其实有很多优秀的项目,但是由于教授的时间有限,很多项目都没有得到合理的转化。而很多企业没有足够的条件和背景来支持深入的技术开发研究。国内化工企业很多，但是做大做强的不多，因为他们很多都是从小的作坊式生产开始，一点点地发展，什么赚钱就做什么。这些企业很熟悉具体操作，而好的科研人员在研究方面很擅长，但是却缺乏好的机构来联结这两者。张楠和崔永坤曾经因为这个问题而讨论商量了很久，最终他们想把公司定位为一个沟通者，沟通研究领域和应用领域，充分整合研究和应用领域的资源，使资源得到最大限度的利用，提高资源的利用率。

做公司，市场是大家都想要的。如果想在市场中占有自己的位置，公司必须要有自己的独特之处。崔永坤曾经是设计专业的，对产品的独特之处对于占据市场的巨大作用有深刻的了解。崔永坤明白，做产品，首先，也是务必要弄清楚的就是，客户为什么买自己的产品。客户的需求是多样且变化的，有些客户需要的是低廉的价位；有些客户专心开拓国外高端市场，讲究质量过硬。崔永坤和张楠必须在无边无际的市场中筛选出哪一类需要低廉的价位，哪一类讲究质量过硬，哪一类需要更好的售后服务，哪些条件是自己能够提供的。知己知彼，才能百战百胜，找准自己公司在市场中的独特优势，对应不同客户的要求，满足不同客户的需要，只有明确这些，公司与客户才能进行下一步的接触。

皮革产品大类相同，成分基本相同，但是每一个不同的行业应用在细小指标上会有差别。由于客户不是专门做原料生产的，对原料的性能可能不是太了解，但是客户知道自己要的是什么样的原料。了解了客户的需要，公司就可以根据他们提出的要求，为他们提供最符合其需要的产品。别人是做出产品才去推销，同化新材料是了解需要后才量身定制。这个行业有着基本固定的客户，做高端市场的企业都会持续寻求可以给他们提供技术服务的人。所以，只要自己的技术能够满足客户的需要，市场前景一定不会差。

做公司眼光很重要，要把眼光放长远。如果眼光只盯着自己的产品，只思考如何让别人接受自己的产品，会看不清一些东西。例如，环保对皮革行业来说是一个非常头疼的问题。如果皮革的各项指标不能全部达到欧洲标准或者美国标准,想要出口的话,就有很多障碍。如果能了解这个背景,在推荐自己产品的时候就可以告诉客户,自己的产品已经解决了这个问题。在崔永坤的建议下,张楠凭借着自己在环境方面的学科背景,如果客户遇到什么环保问题,都可以为他们提供额外的免费咨询。虽然客户不见得真的会向你咨询,但是他却可以感受到你是真心为他着想的,这样就能拉近客户和自己的关系。客户会不会接受你,关键就在于你对他的了解有多少。

崔永坤和张楠,因为同一个独立且自由的梦想而再次重逢,又因为选择了创业和对对方的信任而并肩同行,朝着同一个目标前进。即使在创业前期遇到了不可预料的重重困难,即使他们曾经想过停止一切,放弃一切,但也因为两个人互相扶持、互相鼓舞,而能坚持着一步一步继续前行。崔永坤说那段时间是最痛苦也是最美好的,他们就像婴儿学步,常常会因为摔倒而痛苦难过,常常也会因为颤颤巍巍走出一小步而欣喜若狂。他们会在疑难的沼泽里挣扎痛苦,也会因为知识的广阔无边而驻足迷茫,但因为他们不是一个人,所以他们搀扶着走了过来,他很感谢张楠,在那段时光里常常向自己伸出援助的双手。

执 手 未 来

曾经有一次,第二天必须与客户交接新产品,而工厂里的设备出现了一些故障,事情非常紧急。但当时张楠发烧很严重,崔永坤原本决定自己去解决这件事,让张楠好好养病休息。可是张楠依旧坚持去工厂现场查看情况并亲自解决,因为比起崔永坤,她在环境方面的专业程度和对工厂的了解程度更深一些。崔永坤实在拗不过张楠,只好陪同她一起去。解决完这个紧急状况,崔永坤已经是筋疲力尽了,更何况生病的张楠,但张楠没有一句怨言,还在处理善后事宜。张楠过度地消耗自己的精力,也不懂得爱惜自己的身体,有几次都是被紧急送进医院住院,她还坚决要求缩短住院时间,甚至在住院的时候也带着笔记本电脑在病床上办公。崔永坤和她相处这么久,张楠的性格他比任何人都清楚。张楠的坚持和努力,崔永坤看在眼里,疼在心里,这样一个独立且执着的女孩,让他心疼,让他想要关心她,陪伴她。他不想让她一个人面对苦难,想看她微笑,想和她一起分享愉悦。他希望不是仅仅作为奋斗的同事,而是能牵着她的手走向未来。张楠从小就特别独立,什么事情,能自己一个人解决就一个人解决,不能一个人解决的,也要咬牙解决。但自从和崔永坤一起创业,张楠第一次有了原来自己不是一个人的感觉。有什么工作上的问题,可以和崔永坤一起讨论商量,有什么生活上的麻烦,崔永坤也是一个懂得倾听的知心好友。有一次,自己不小心摔伤骨折,不得不在医院里休养一个多月。这一个多月里,崔永坤处理完工作的事情后再晚也一定会来医院看望她关心她,给她买爱吃的水果,做她爱吃的饭菜,无微不至。即使太忙不能来,也一定会打电话叮嘱她吃药照顾自己。张楠和崔永坤经过这么久的相处,在工作上他们默契满分,形影不离,在生活上他们对彼此的喜好了然于心。他们已然不再把对方只当作曾经谈天说地的同窗,也不再只是如今并肩作战的创业伙伴,而是把对方当亲人一样对待。两人心里都明白彼此在对方心里的重量,他们也知道,未来将携手同行。

如今,崔永坤和张楠的创业已见成效,公司发展也牢固稳定。他们从开始的两个人因为同一个梦想、同一个目标而渐渐融合变成一个人,最终走在了一起。也因独立相似的意志而相亲近,因共同的创业梦想而同行。

在谈及创业经验的时候,张楠说,在创业之前,一定要问自己为什么创业,一定要给自己一个足够强大的理由去支撑自己走完创业的整个过程。只要能找到一个明确的答案,让自己在以后不管遇到什么困难,都能凭借着这个理由坚持下去,那就可以去创业了。张楠也提到,自己刚开始不自信,刚开始支撑自己的就是父母的鼓励,但其实父母的鼓励微不足道,并不能支撑自己走得长久,而自己很幸运的是,遇见了崔永坤,遇见了这个可以随时随地给自己鼓励和自信,值得信赖和依靠的男人。如果没有崔永坤,自己一个人是不可能走到今天的,他的陪伴是自己创业有所成就的重要原因。而崔永坤在谈及创业之道时,也说到一些工作了多年的人去创业,因为他们有着足够的经验、一定的市场和人脉等资源,因而他们在创业时也许会轻松很多。大学生创业者则不一样。大学生创业,一切从零开始。但是,他们也有着自己的优势——伟大的事业往往都是年轻时候就开始做的。年轻时候敢去做一些事情,把大胆的想法变成现实,如果这个时候能坚持,可能就会成功了。当然,这个过程会很艰苦。然而,这也是一件很有魅力的事情。不然,为什么有这么多困难,还是有人前仆后继地选择创业这条艰辛难走的路呢?崔永坤和张楠在年轻的时候勇敢地选择了创业,在创业途中走到了一起,和自己最爱的人一起去面对这些困难,一起去坚守一份执着,使创业变得更加有魅力。崔永坤也非常感恩张楠的陪伴和信赖,并表达了自己对未来的无限憧憬。

  崔永坤和张楠的创业仍在继续,但他们不再是一个人,也不再是一个创业团队,而是一个承担责任的家。面对未知的未来,他们一致认为,执彼之手,与彼同行,未来无所畏惧。

来自校园　扎根校园　回报校园

蒋公宝　山东临沂人。上海胧爱文化传播有限公司总经理。2013年毕业于上海理工大学工程科技学院印刷工程专业。杨浦区劳模，上海市创业专家志愿团专家，上海青创大学生创业服务基金会秘书长。2013年8月创立上海胧爱文化传播有限公司，定位于校园营销执行服务商。短短六年时间，胧爱文化迅速成长为国内最大的校园营销执行服务公司之一，拥有23家子公司，与全国800多所高校的2 000多个社团建立直接联系，每年执行5 000余场校园活动，年营业额过亿。

蒋公宝面容秀气，身材清瘦，性格却有着山东人固有的朴实和坚韧。"我是个来自沂蒙山区的农村孩子。记得小学，整所学校只有两种课外读物，还得从高年级到低年级轮着传阅，最后传到一年级同学时，书都已经翻破了。我为了早点看到书，就计算好每月的出版时间，然后跑到高年级班里看书。"他回顾起自己的求学经历看似轻描淡写，但这种艰辛是一般城市孩子无法想象的。艰难困苦玉汝于成，农村的经历不但磨炼了蒋公宝坚韧不拔、锲而不舍的品格，也使他增添了对弱势群体的同情与对社会的责任感。

在大学期间，蒋公宝展现出了极强的号召力和组织能力，不但担任学院的学生会主席，还曾组建了在上海高校中小有名气的志高公益社团。志高公益

勇立浦江潮 "创"梦新时代
——上海高校毕业生创业典型人物集

蒋公宝(右一)工作照

社团由蒋公宝和一批热衷于社会服务及公益事业的大学生组成。"当时与志同道合的小伙伴们一起做各种公益活动,那种收获感和成就感是金钱无法购得的。"2013年4月,四川雅安发生7.0级大地震,造成当地重大人员伤亡。志高公益社团立即行动起来,为募集爱心物资,蒋公宝和社团成员几乎跑遍了整个上海的科技园区和大企业,在短短的一个月时间里为灾区募集到了30吨救灾物资。但是,如何将募集到的爱心物资运到灾区成为社团的棘手问题。起初,蒋公宝和社团成员跑遍了学校周边所有的物流公司,最后都无功而返。当时,各物流公司运营点都是一级一级承包给个人,虽然运营点负责人都为这群大学生的善良和热情所打动,但面对跨省运输30吨物资的成本压力,也都表示爱莫能助。蒋公宝没有放弃,通过几天的努力联系到了一家物流公司的市场销售总监,最终在总监的帮助和协调下,顺利地将爱心物资运送到了四川灾区。随着社团规模与影响力的不断扩大,越来越多的企业参与其中,可调配的资源也越来越多。这时蒋公宝想起自己儿时的读书经历,觉得要为家乡的孩子们做点力所能及的事情。于是,他和社团成员通过多方途径募集图书,并联系临沂当地乡镇政府和小学校长，表达了捐赠爱心图书室的意向。在他们的辛苦付出下，越来越多沂蒙山区的孩子也能像上海的孩子一样，读到丰富多彩的课外读物。蒋公宝毕业成立公司后，依旧坚持这项公益活动。至今他已先后参与老区120个村小学爱心图书馆的捐建工作。"能力越大，责任当然也要更大，我只是做了自己该做的事。"大学期间在公益社团的工作经历开阔了蒋公宝的视野，锻炼了他的协调能力，更重要的是他结识了一群志同道合的伙伴，社团中很多骨干成员后来纷纷加入陇爱校园，这为他之后开启创业之路打下了坚实的基础。

在大学长期从事公益活动的过程中，蒋公宝发现很多优质的企业在校园里做产品推广的时候，都很愿意向学生社团或大学生活动提供一定的赞助。但是，企业与学生社团或学生干部缺少连接的纽带，"一方面，需要活动经费的学生社团找不到赞助商；另一方面，有赞助意向的企业又找不到项目——两头黑。所以，我大二的时候就曾想过成立一家连接企业品牌营销进校园的服务商"。但蒋公宝真正付之于行动要在毕业以后了。和大多数毕业生一样，蒋

蒋公宝参加中国"互联网＋"第四届大学生创新创业大赛

勇立浦江潮 "创"梦新时代
——上海高校毕业生创业典型人物集

公宝毕业后选择了就业,并顺利地进入了一家事业单位。然而,体面的工作与安稳的生活并不是这个山东汉子想要的。"我当时参与了很多上海市就业促进中心的创业培训项目和讲座,特别是听了袁岳老师的讲座,让人心潮澎湃。我在想我的人生需要一些创造性和挑战性的经历。"

2013年,蒋公宝不顾家里父母的反对,从单位辞职加入了创业大军。他笑言:"当时,家中就我女朋友的母亲支持我,偷偷塞给我4万块钱,3万块必须当注册资本存银行,剩下的1万块就是启动资金了。现在想起来,我丈母娘成了我的天使投资人。""胧爱文化"成立不久,恰逢国家提出"大众创新、万众创业"的号角,厚植双创土壤,作为大学生创业项目,就得到了上海市教委和市就业促进中心的大力扶持。起初,蒋公宝觉得自己的创业项目就是承接企业的各类校园活动,比起一些互联网项目没有什么技术含量,甚至觉得太土了。"创业项目没有高低之分,市场需求才是硬道理。"当时上海市创业专家志愿团队打消了他的疑虑,专家志愿团队在公司的起初阶段真正发挥出领航员与指引人的作用。"自己创业前,已算是尽可能了解了很多创业知识,结果真开了公司,发现自己还很嫩,那些税收、财务知识,都不明白。"于是,蒋公宝参加了人社部门组织的创业训练营,重新再学一遍创业相关的基础知识。"收获真的太大了,几乎是手把手地教。还认识了上海市创业专家志愿团的赵为老师,有不明白的几乎24小时可以向老师们请教。"

"没有场地办公,经刘建峰老师指点,找到了曾经工作过的延吉大学生创业家园的两年免房租的办公场所;为了节省成本,经徐本亮、张燕老师指点,买二手发票打印机;上海市就业促进中心的杨永华主任指点多去参加各类展会活动;范骏老师直接给我们介绍了企业,拓展业务。"到了2014年,公司资金链出现了问题。"我们都是毕业不久的学生,没有什么外部资源,业务一单单来,但苦于资金有限,有些大单子就不敢接,没大单子公司就无法做大,陷入了一个死循环。"在最艰难的时候,蒋公宝申请到了上海市大学生科技创业基金会的资金和政府创业资金提供的30万元无息贷款。"这对于胧爱文化来说简直是雪中送炭。没有这笔资金,公司是撑不到后面的种子轮融资的。我们真的是双创的受益者,没有鼓励创业的大背景和各种扶持政策,我的创业梦想可能永远都是心里的一颗种子,不可能有后来的发芽、开花、结果。"对此,蒋公宝一直抱有感恩的心。

和很多初创者一样,公司刚组建起来时不光面临资金问题,蒋公宝还要应对市场开拓、团队建设等一系列的挑战。公司成立之初,很长一段时间陷入没有业务的困境。"企业进入校园举办推广活动,首先找的是广告公司,广告公司再找小的广告公司,一层层转包下来,我们接到手的都转了七八手了,利润很微薄。有时候,我们甚至成为给广告公司发传单、贴海报、搬座椅的苦力。"家人不支持时,蒋公宝没有动摇过创业的信念;房租、水电费用交不出时,他也没有放弃过;遭到客户拒绝时,他也不曾有过退缩的念头。但有几个月给员工的工资都发不出的时候,蒋公宝显得很沮丧,在失眠的深夜常问自己,是否真的要放弃了。"我的员工大多都是刚毕业的学弟学妹们,而且都很优秀,他们因为信任我,和我一起创业,现在却工资都发不出,这不是耽误他们的未来吗?但是,每当我看到学弟学妹们熬夜做海报、做文案的场景时,很受感动,也深受鼓舞。"蒋公宝暗暗下决心,为了大家现在的付出能有回报,为了大家的美好未来,一定要坚持下去。为了拓展客户资源,他和团队成员拿着印刷成册的公司资料挨个拜访上海本地广告公司,有时为了节省时间,饭也顾不上吃,一刻也不敢停地奔走在从一家公司到另一家公司的路上。"即使这样,我们听到最多的就是'有活动了联系你们'这样的软拒绝。"蒋公宝至今仍对这段艰苦的日子记忆深刻。"大学生创业团队做校园活动的优势在于了解校园,最清楚同学们需要些什么。这就是我们的优势。"功夫不负有心人,公司在夹缝中渐渐打开了市场,订单从原来的七八单,到几十单,再到几百单……如滚雪球一般增长。胧爱文化的影响力和知名度不断扩大,时任上海市副市长的周波和时光辉领导都莅临公司展位指导过工作。客户资源的剧增使得公司的经营区域已经不再局限于上海,而是全国近百座城市的 1 000 多个大学校区。"我们自己都不敢想象,一群大学生草根创业者每年营业额都是在成倍递增。做到今天,中国电信、可口可乐、阿里巴巴、娃哈哈、农夫山泉、相宜本草等都成了公司的客户,业务扩展至全国,现在只有西藏和青海还没有去做过校园活动。"

一路走来,蒋公宝认为最宝贵的是公司团队的凝聚力,三年前在公司最困难发不出钱的时候,团队中无一人离开。现在公司处于飞速发展阶段,"每天晚上11点去办公室,总会看到还有员工在埋头苦干。这样一个工作状态,大家相互之间看到就会很感动"。最有成就感的时候,就数寒暑假,公司几百人从天南地北回到上海总部开会时,看着一张张稚嫩却又充满朝气的面孔时,蒋公宝无比喜悦与满足。

时至今日,"我是来自山东沂蒙山区的农村孩子"这句话,蒋公宝依旧时常挂在嘴边,依旧时常回忆起少年时跑到高年级教室看书的场景,依旧没有忘记自己大学期间在公益社团工作时的初心。他和他的团队用实际行动积极承担起了社会责任,先后数年无偿服务上海市民政局主办的"上海市公益伙伴日""蓝天下的至爱"等大型公益活动,同时发起沂蒙爱心使者团每年组织大学生暑期社会实践。在胧爱客户品牌方的支持下,援建乡村爱心图书室、参与"爱飞翔乡村教师计划""沂蒙爱心使者团兴蒙计划""深圳慈展会"等公益活动。据不完全统计,胧爱校园作为大学生创业带动就业的代表,五年来先后获得了"上海市工人先锋号"等200多项荣誉称号。因此,对于蒋公宝来说,创业就意味着责任,一份安身立命的责任,一份对企业员工和合作伙伴兑现承诺的责任,还有一份对社会和国家的责任担当。

在说到对大学生初创者的一些建议时,蒋公宝显得很务实:"最初创业切忌心急,一定不要想一步登天。需要找到一个点,从一个小点开始慢慢发展。得先让自己活下来,才能有之后发展的机会。"对于大多数即将步入社会,走向就业岗位的学弟学妹们,蒋公宝给出了三点寄语:首先,要志存高远,只有清晰的目标和远大的志向才是走向成功的灯塔;其次,要有工匠精神,无论在什么岗位上,对待工作和事业,精益求精,力求完美;最后,要有家国情怀,穷则独善其身,达则兼济先天下,要把个人的成长与家庭、民族、国家的命运紧密结合在一起。

青春之路伴科创　创业之路燃激情

李佳佳　山西大同人。上海崇想智能科技有限公司创始人、董事长。上海海洋大学2016级机械工程专业硕士。李佳佳品学兼优，积极参加班级事务，常年担任班委，曾荣获2016年上海市优秀毕业生称号。他课外积极参加科创活动，本科期间先后主持参与市级、校级大学生创新项目5项，获得软件著作专利2项，实用新型专利2项，并获得国家级、省市级、校级奖励30余项。

科创是点亮梦想的灯火

大学是什么？一百个人心中或许有一千种答案。或许是考场上连年征战后占领的一块圣地；或许是终于可以摆脱父母的唠叨和老师的"压迫"的自由天空；又或许是可以放开胆子"只要让自己高兴，什么都可以不怕"的安全区；还或许是站在过去的成绩上可以恣意随性，享受美好的黄金时代。这些大学的"形象"都曾浮现在入学前的李佳佳的脑海中，然而真正进入大学后，他才发现原来现实中的大学是第一次与家乡相隔千里，第一次真正走出父母呵护的羽翼，第一次清醒地认识到：学习和生活实苦，一切只能靠自己。大学生活究竟是怎么样的？经过四年多的历练与成长，已经在海大学习生活六个年头的李佳佳别样的经历给出了他的答案：大学是一场神秘的科创之旅，这

勇立浦江潮 "创"梦新时代
——上海高校毕业生创业典型人物集

个旅程改变了他原有的生活轨迹,改变了他的生活方式,改变了他为人处事的习惯,让他体会到了大学不一样的意义。

2016年上海市优秀毕业生、第三届中国"互联网+"大学生创新创业大赛上海赛区一等奖和全国三等奖、2018年"创青春"上海市大学生创业大赛铜奖、第九届全国大学生"飞思卡尔"杯智能汽车竞赛华东赛区三等奖、第十届全国大学生"飞思卡尔"杯智能汽车竞赛华东赛区二等奖、中国研究生电子设计大赛上海赛区三等奖、2015年全国大学生物联网设计竞赛华东赛区特等奖、2015年全国大学生物联网设计竞赛(TI杯)全国总决赛二等奖、第四届上海市大学生机械工程创新大赛二等奖、第六届蓝桥杯全国软件和信息技术专业人才大赛上海赛区单片机设计与开发组一等奖、智海2015 OI中国水下机器人大赛经济性三等奖……汇聚如此之多荣誉于一身的李佳佳,得益于他的"科创之旅"。

"这些荣誉是知识的不断积累,是一次又一次的失败和无数的汗水与付出的结果。"问及他开启科创之旅的原因,他说大一暑假的时候,一次偶然的机会,遇到了一位2011级的做科创的学长,学长问他对单片机有没有兴趣,是否愿意加入他们的科创团队。尽管当时的他,对于单片机还是一无所知,可是出于好奇,他接受了学长的邀请,加入了他们的团队,开始共同为第九届全国大学生"飞思卡尔"杯智能汽车大赛做准备。正是这个大赛,改变了李佳佳的大学生活轨迹。在团队的分工中,李佳佳负责编写代码。在天书一般的资料面前,尚未接触单片机课程的他并没有退缩,而是勇敢地告诉自己,没有基础,那就从头学起,在学习中摸索,在摸索中学习。那段学习经历他至今还记忆犹新:39℃高温的盛夏,没有空调的实验室,竟然一坐就是一天,有时候,连饭都忘了吃。一个又一个每节三个多小时的视频课程,一本被翻烂了的300多页的书,陪伴了他整个暑假。"那段时间堪称是一种煎熬,但我觉得很充实,因为第一次感受到了为梦想而努力奋进,并无限地接近它的喜悦!"李佳佳回忆说。而这种付出,也有了回报。在团队成员们的共同努力下,他们的设计作品"Torchlight"——火炬之光,一路过关斩将,最终获得了全国大学生"飞思卡尔"大赛华东赛区三等奖。也正是这个比赛,让李佳佳真正走上了科创之

青春之路伴科创　创业之路燃激情

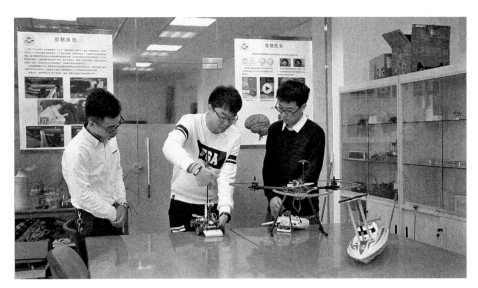

李佳佳(中)科创团队

李佳佳团队参加科创比赛

路。从那之后,他爱上了科创,他感谢曾予以指教的学长,更感谢辛勤付出的自己!

在李佳佳看来,在科研的道路上,成功十次远没有失败十次更让他欢喜。

前者虽能带来一时的鲜花和掌声,却会随着时间的推移而渐渐散去芳香。后者带来的却是刻骨铭心的记忆和反思,而学习与探索中的挫败恰恰是今后事业成功的基石。

激情是铸造梦想的基石

李佳佳一直在思考,如何将团队的科创成果转化为产品,服务普通大众。当时,恰逢李克强总理在夏季达沃斯论坛提出"大众创新、万众创业"的号召。这对李佳佳是很大的鼓舞。2015年4月,李佳佳带领两位志同道合的团队成员创立了上海崇想智能科技有限公司,并由他担任法人兼董事长。公司成立得到了海洋大学、临港新城招商部和临港管委会的支持。

对于一名家境一般的在校大学生来说,创业异常艰辛。首先遇到的就是资金问题,随后各种公司业务与管理问题也接踵而至。公司成立之初,李佳佳带领另外两位同是学生的合作伙伴包揽了所有的工作,他们每天除了上课,其余的时间基本都在实验室度过,时至深夜才回寝室休息。他们视时间为黄金,不敢浪费一分一秒,既不能耽误学业,又要为公司顺利运营而筹划忙碌。在税务局、工商局、银行之间奔波了一个多月,公司才终于开始正式营业。公司刚开始营业,就承接了一个项目,可是没有启动资金,于是李佳佳带着合作伙伴东拼西凑凑出了项目的材料费。三个人,仅凭一间没有空调的实验室,一些基本的设备仪器,从产品的设计、研发、包装到加工和销售,为了节约成本,只要人工可以做的,全部人工做。最终用一个月的时间,如期完成了500套产品,赢得了人生中的第一桶金。在此期间,团队成员间有过争吵,有过放弃的念头,但最终,他们选择了彼此信任,选择了坚持,也收获了成功。

有了第一次成功的经验,之后的项目实施变得顺利。虽然公司仍是初创阶段,但随着和团队成员之间的默契越来越强,加上共同的信念与决心,慢慢地,许多的困难都迎刃而解,公司也在成员们的共同努力下逐步发展壮大。现

李佳佳工作照

在,他们有了自己的办公室,员工也增加到了七人。李佳佳对公司未来的发展充满了期待:"目前公司主要从事智能科技领域内的技术开发、技术咨询、技术服务、技术转让等,致力于电力载波和物联网在现代化智能家居、智能社区等领域的运用,业务涵盖硬件产品的研发、软件研发、系统集成等,为当下社区管理部门和广大普通消费者客户提供解决方案和技术支持。"

汗水是成就梦想的源泉

在别人看来,能取得这么多的科创成绩的李佳佳也许是一个性格内向的技术宅,但事实恰恰相反,他是一个非常开朗、活泼的阳光大男孩,他和其他男生一样,喜欢音乐,喜欢篮球,爱好旅游。作为班级的文体委员,他曾在学校百年校庆时,每天晚上领着班级成员唱校歌,组织各类活动,拉近同学之间的距离;也曾领着班级男生拿到了"迎新杯"篮球赛的冠军。四年多的大学生活,也让他和同学们结下了深厚的友谊。

问及如何做到协调好学习、科创和创业之间的关系,李佳佳说,因为对科创和创业始终保持着很高的热情,所以不论何时,他都不得意于当前所得,始终不懈追求,勇于付出,勇于挥洒汗水,因为汗水是成就梦想的源泉。而且,科创和创业上的成功,更进一步成为他学习的动力。2015年,李佳佳凭借优异的成绩被保送上了研究生。他深信,"路曼曼其修远兮",他将利用所学,回馈社会,服务社会,在不断"求索"的道路上,实现自己更多的价值。

"一路走来,我的团队,我的伙伴们一直陪着我,困难处处可见,可是我们坚持了下来。看似光彩的背后,是付出,是汗水,是每位成员和老师的支持。对于初创者,我想说,想要实现理想,就从此刻开始努力,永远不要降低对自己的要求。只有理想不打折,才能在平凡中成就不平凡。"对于前来借鉴经验的同学们,李佳佳如是说。

团队是实现目标的助推剂

和许多年轻的创业团队相同,李佳佳公司的成员大都来自学校。其中团队另两位同伴均来自上海海洋大学工程学院2012级机械设计制造及其自动化专业。三人在学习期间就结下了深厚的友谊,他们共同合作参加各类科创项目,多次获得校内外各项比赛奖项。每一次比赛,都是一次自我的修行和成长。李佳佳不仅在比赛中获得了荣誉,学到了知识,更重要的是收获了弥足珍贵的团队友情,他们有着一样的激情,一样的梦想,他们朝着共同的目标奋勇前行,而这恰恰是一个团队、一个集体所需要的。这次创办公司,三人又因为一个共同的理想聚到一起。但当他们决定开始的那一刻,他们的生活和之前相比就发生了许多变化。注册一家公司需要办理很多烦琐复杂的手续,原本的校园的生活规律也变化了很多,这对没有创业经验的李佳佳来说是完全没有想到的。起初,他们很是迷惑和忙碌,需要不断往来于银行、税务局等地,去填写补齐所需要的各种材料、表格。在完成各种项目的过程中,他们逐渐明白了怎样更加完整、系统地制定一份计划,怎样去将一项大的任务细分到每位成员、如何根据各人的特长优势分配合适的工作。这期间各种意想不到的困难时常发生,但是他们发现,每当大家聚到一起,共同寻找解决问题的方法时,不管花费多长时间,最后总能找到更好的方案。这无形中给了团队很大的鼓励,他们相信只要大家齐心协力,就一定能解决问题。在团队的磨合中,他们也发生过争执,当各自的意见不一致时,争执不可避免,但他们总能够及时冷静下来,重新分析问题,再把彼此的想法融合在一起。经过这些从分歧到一致的过程,不仅没有产生矛盾,反而让他们凝聚得更加牢靠。

"兄弟齐心,其力断金。"李佳佳说,"经过这段时间的工作,我们也从中发现了自身团队现阶段的不足之处,并及时针对不足调整团队的步伐,在我们所涉及产品的相关知识、团队管理上更加深入地进行学习。但我更想说的是谢谢我的团队,没有大家的努力坚持,就没有我们的今天。"目前,公司已有五款成熟的产品,以万用表套件、小音箱套件为基础产品,另有基于物联网的鱼塘智能化监控及水质监测系统、智能家居产品、智能声控饮水机等三项核心产品。

李佳佳将"创新、学习、务实、勤勉"作为公司的核心价值观,以"学习为先,与团队共成长;品质为先,与客户同发展"为经营理念。"崇想将立志成为业界领先的科技型企业,我们对企业的发展充满信心!"

一群平凡的人,组成了一个不平凡的团队。他们坚信,经过不懈的努力,他们会越走越远,共同迎接"智能时代"的到来!

让光谱改变生活

殷海玮 江苏人。上海复享光学股份有限公司董事长兼总经理。博士,2008年毕业于复旦大学物理系。他以"打造中国人自己的创新光谱仪器"为目标,以"让光谱简单"的产品理念,努力改变国内商品化光谱仪器关键领域受制于外国厂商的局面,为核心技术中国造而迈步前行。2013年、2016年复享光学连续获得"上海市高新技术企业"认定,2015年、2017年连续两届获得上海市"专精特新"中小企业荣誉称号,2018年被评为上海市科技型中小企业。2016年,复享光学成功登陆新三板市场,成为国内唯一的一家以光谱检测设备为主营业务的上市公司。

实验室里诞生的创业项目

在国外,有很多伟大的企业诞生于车库,比如迪士尼、谷歌、苹果、雅虎等,形成了独特的"车库文化"。而殷海玮的创业项目也来自自己的"车库"——复旦大学物理实验室。

2003年,殷海玮来到复旦大学物理系攻读博士学位,梦想成为一名科研工作者。他成绩优异,实验能力强,是导师的有力助手和课题组的核心成员。导师对他的研究领域抱以厚望,他也认为自己假以时日会成为一名优秀的科研人员。但最终,殷海玮选择了和大多数博士毕业生不一样的道路。"创业源于一次实验,从那天起我就觉得自己的人生可能还有另外一种可能。"一次在实验室,殷海玮发现有的光谱无法在显微镜尺度下开展光谱仪测量,而市面上没有类似的仪器。动手能力极强的他就自己动手,用普通的光谱仪结合其他设备搭建成一个系统,完成了实验。作为高端科普设备,光谱仪不仅可以用于科研,还有巨大的民用价值,广泛应用于质量检测、生产监测、环境监测、食品和药品领域。但是当时一流的光谱仪器核心技术掌握在国外企业手中,国内尚没有企业能涉足该市场。虽是细分领域,但有巨大的市场潜力,在科教领域,微型光谱仪的市场容量在5亿元左右,工业市场在10亿元左右,而用于日常生活领域的潜在需求更为巨大,但当时市场份额基本上被国外企业瓜分,售价也十分昂贵。"关键的技术产品不能老是控制在外国人的手里",这激起了殷海玮的高昂斗志。于是,他带着师弟一头就钻进了实验室,研读相关海外文献资料,请教学校专家,研究和拆解进口产品,经过一年多的攻坚克难,终于攻克微型光谱仪的核心技术。刚出来的产品就得到了学校专家的肯定。时至今日,殷海玮还清楚地记得,新产品的第一个使用客户是自己学校物理系的周鲁卫教授。2009年,周鲁卫教授的课题组希望在微纳光学领域做一些尝试,但又不十分清楚要用哪些设备,殷海玮得知后,就去向周老师推销自己的产品。让殷海玮感动的是,当时自己的团队刚刚完成微型光谱仪的研发,尚未进入生产阶段,周老师就十分宽容地接受了一个完全不知名的品牌。钱虽然不多,但是周老师的信任与支持给了殷海玮很大的信心与勇气。现在,这台光谱仪依旧在周老师的实验室运行着。

光有技术是远远不够的,创业初期总是面临诸多困难:没有资金,没有产品,没有市场,没有场地。受益于杨浦区良好的创业氛围和区政府孵化、引导的支持模式,2009年1月26日,殷海玮申请到上海市大学生科技创业复旦大学分基金会20万元的一次性资助。同年,复旦大学大学生创业园为其免费提供办公场地、办公设备、人事服务、创业咨询和辅导等。有了资金保证后,他进一步推进技术研发,通过在滤光片、光栅、准直镜、CCD等方面的研究,公司逐步掌握了关键元件的核心技术。客户的积极正面反馈不断强化产品的口碑:"科

殷海玮调试设备

技含量很高,不比国外同类型产品差,部分性能还更优越一些。"

"产品的核心永远是客户"

"要用什么去服务我的客户?我能为我的客户创造什么样的价值?"这是殷海玮反复问自己的问题。在复享光学的发展历程中,殷海玮脑中最多的词就是客户。作为一个曾经的科研工作者,殷海玮清楚地知道科研用户的需求;在创办企业之后,他自己没有选择沉浸于技术研发,而是坚持在销售、服务一线了解客户的体验以及国外产品的优劣势。殷海玮不希望自己的产品是冷冰冰的,而是希望自己的产品能给客户带来更好的体验,让客户能感受到设计是带有感情与热度的。

在产品商业化和市场开拓过程中,充满了艰辛:"起步阶段,日子是非常苦的,10家企业跑下来,也不一定有两三家企业肯尝试你的产品。但我相信自己的产品性能卓越且性价比高,企业需要我这样的产品。"殷海玮和他的团队丝毫不气馁,废寝忘食,披荆斩棘,2010年利用合作机会进入上海世博城市馆,成为大功率半导体节能光源在线检测的服务商,再后来产品又进入太阳能光伏和LED制造等工业应用领域。基于国内在药品检测、环境防治、食品安全等民生事业方面的迫切需求,殷海玮带领团队成功地研发出了相关的微型光谱仪器。尤其是手持拉曼光谱仪受到了市场的热捧,成为公司的拳头产品,"该仪器采用新型微机电系统,基于MEMS与单点探测器取代了传统光谱仪中的构架,具备了无损、现场、适用范围广的优势,大幅度降低产品成本,价格优势明显,技术稳定"。

如果说产品的核心是客户的话,那么在殷海玮看来核心技术是公司发展的生命线。弱水三千只取一瓢,在整个产业链中,复享光学仅涉足图纸设计、关键零件制造、产品组装与系统调试,其他的工序则寻找代工厂。"这样的轻资产布局,有利于我们把更多的精力聚焦在产品的创新和研发上。"凭借着有自主知识产权保证的优质品质,殷海玮的产品迅速打开了长三角、珠三角市场,并逐渐向全国扩张。短短几年,复享光学从34万元的原始资金起步,现已广泛服务基础科研、激光器、光伏电池、检验检测等领域超过2 000个客户,参与国家重大科研项目20余项,成为中国领先、国际知名的高端光谱仪器公司和国内最大的微型光谱设备供应商。

充满情怀与理想的企业

在殷海玮的心中,复享光学并不是传统的仪器制造商,而是充满情怀和理想的企业。他认为共同的目标和价值观是企业团队的灵魂,可以使团队成员拥有明确的努力方向,容易形成有效的合力,而没有共同目标的群体只能是一群散兵游勇。初创期,有共同的愿景,是他选择核心团队成员的重要标准。一次,殷海玮在拜访客户的时候,遇到了毕业于瑞典皇家理工学院、担任某家外国仪器公司中国首席代表的章炜毅。章炜毅有着多年在外商企业管理和销售的经验,两人一见如故,大有相见恨晚的感觉,基于"打造中国人自己的创新

勇立浦江潮 "创"梦新时代
——上海高校毕业生创业典型人物集

殷海玮团队

光谱仪器"的共同目标，他俩走在了同一条战线上，成了事业上的搭档。章炜毅的加入，带来了全新的企业管理理念和商业运作模式，使殷海玮如虎添翼，公司各方面都有很大的提升。

团队一直秉承"光谱改变生活"的企业愿景和"让光谱简单"的产品理念。让光谱仪"中国造"和走进寻常百姓家，是复享光学一直努力的方向。殷海玮认为，在国际科技竞争日趋白热化、创新转型引领高质量发展的当下，核心技术、关键技术是要不来也买不来的，一定要掌握在自己的手中。"我们想要改变外国厂商占据国内光谱仪器产品市场这一格局，彻底改变在核心关键部件上受制于人的局面，不仅要具备工匠精神，还要具备为国担当的使命意识。"

未来，随着物联网技术和半导体工艺的进步，光谱检测仪器将进入超微化和网络化发展阶段，这对于复享光学来说是一次重大的机遇。"在未来，团队会研发更加微型化的光谱仪，希望通过芯片将光谱仪植入手机等便携设备,从而实现每个人都可以随时随地通过便携设备对食品与健康进行测评,比如检测食品有毒有害成分、检测血糖值等。"虽然从目前看设备微型化还是个世界难题,但殷海玮很有信心:"图难于其易,从简单的事做起,经过积累,最后的成功就是水到渠成的事情。"

殷海玮当选2015年度"上海市青年科技启明星(B类)"

正是在这样的责任与担当意识下,整个团队在光谱检测技术领域取得了丰硕的成果,殷海玮主导研发多项国际、国内领先的光谱检测技术与产品,累计获得专利2项,实用新型12项,软著2项;所研发产品不仅为国家科研领域节省了大量设备支出,而且在半导体光电材料等重要基础材料成长领域打破了外国技术垄断,实现了关键设备的自主装备。作为具有创新创业精神的青年企业家代表,殷海玮2015年入选上海市青年科技启明星计划,2016年荣获上海科技青年企业家创新奖。

在最好的时代仍要以奋斗为本

当前对于大学生来说正是一个最好的时代。"一带一路"倡议的提出,为无数的有志青年提供了广阔的个人发展平台;"大众创业、万众创新"激发了整个社会的创新潜能和创业激情;十九大提出的瞄准世界科技前沿,加快建设创新型国家的宏伟蓝图为科技人才创造了安心研发、守正创新的良好环境。殷海玮认为,在这"最好的时代"并不意味着年轻人就可以选择安逸,"无论未来或当前选择就业、创业还是科研的大学生,都要先按捺住自己那颗浮躁的心,凡成事者不仅要心存高远,更要脚踏实地。历史的车轮滚滚向前,唯有奋

勇立浦江潮 "创"梦新时代
——上海高校毕业生创业典型人物集

斗者乘势而上"。

对于有创业意愿的大学生,他提醒年轻人:创业并不适合每一个人,能成功的是少数。所以创业前需要冷静地思考,不能仅凭一时的热情。唯有源自内心的真实愿望,在创业的道路上才能力排众议,才能持久不衰,才能勇往直前。在创业方向和项目方面,殷海玮说他特别推崇美国著名投资人彼得·蒂尔的那句话:创业时,我们要创造新的事物(从0到1),而不是简单地复制(从1到n)。"在当前科技化与信息化浪潮中,创业要和创新创造紧密结合。尤其是处于科技前沿的大学生创业者们更是不能只是简单地重复他人的东西,要善于创新与创造,只有掌握自己的核心技术,企业才能良行至远。"针对部分初创大学生利用网贷甚至高利贷筹集创业资金的现象,殷海玮表示坚决反对,"这是饮鸩止渴",同时他也不赞成"砸锅卖铁"式的创业,"不能把所有的家底都投进去,这是很不冷静也不负责的行为,至少要留着满足家人基本生活的

殷海玮与上海大学就业指导中心工作人员合影

资金"。在社会环境与学校教育层面,他认为对于创业的大学生应该多一些包容,既要鼓励创新,表扬先进,也要宽容那些试错和失败。

这几年大量资本涌入创投市场,很多初创者为了迎合投资人的喜好不断"讲故事",盲目扩张,背离了原来创业的运行轨迹与初衷。产业风口一个接一个地吹,赛道一个接一个地换,但是最终是一地鸡毛。"企业获得资本市场的青睐,通过一轮又一轮的融资,市值也节节攀升。但这个时候要清醒地认识这些数字并不能代表市场真正的价值,更不是自己的财富,却有可能成为一种障碍。"殷海玮告诫初创成功的年轻人,"千万不要成为资本市场的棋子","创业者要围绕市场和客户需求这个本源,在研究用户需求上没有捷径可以走,不要想当然地猜测用户的需求,而是要设身处地站在他们的角度去研发产品。这是作为年轻创业者要谨记的。"

在殷海玮看来,持续的学习能力,是创业人在创业过程中最不可或缺的品质。"只有不断地在自己前进的道路上总结经验、吸取教训,才能走得更稳、更远。"

实在一点,市场需要有用的东西

施润春 上海人。上海谷露软件有限公司CEO。2007年毕业于上海大学国际工商与管理学院信息管理与信息系统专业。施润春,人如其名,温和润雅。别人眼里异常艰难的创业之路,从他口中娓娓道出时,似显云淡风轻。他有时不得不跟人强调:"别看我说得轻描淡写,其实还是做了很多事的。"

大学毕业后不久,他加入猎头行业,六年潜心积累,然后辞职创业,花了整整一年专注开发猎头软件,充当最初的销售员,一家家公司敲门卖产品。在浮躁的创业圈,施润春像一条沉静的河,顺流而行,心无旁骛。

一切都源于最简单的初心:看到了行业的问题,想要解决;看到了自己人生的向往,想要突破。

创业背景:
人生所有经历都是创业的"储备金"

施润春出生于上海郊区,从小性格沉静,唯独对电脑特别着迷,刚进小学就有了第一台286电脑,使用的是DOS操作系统,而且还拆了又装,装了又拆。

对计算机的独特兴趣一直延续到他的大学生活中。高考后,他选择了上海大学国商学院信息管理与信息系统这样一个管理与计算机技术交叉的专业。在校期间,施润春的专业课程,特别是所有与计算机相关的课程都保持优异的成绩,一篇与电商系统设计相关的毕业论文更是一举获得满分。大学四年里,他的生活足以用丰富来形容,参加社团、结交朋友,外加读了很多"闲"书,他形容自己"肚子里总有那么一股不甘现状的劲"。

施润春

他大学期间最有价值的还是当初在Scope社团的那段经历。Scope是上海大学招毕办旗下的大学生成长训练营,他以一名普通学员的身份加入了GBE2的课程,并担任了一个团队的组长。当时的组员,每个人都是各自学院的学霸与颜值担当。他的工作是凝聚这支优秀的团队,带领团队攻克一个个难关。至今10多年过去了,虽然施润春已经记不得在GBE2课程上的实际内容,但他还能记得那年为了团队荣誉,每位成员全力以赴,熬夜赶稿的经历,还有为了团队胜利而个人做出妥协的一个个决定,这种体验是他人生最珍贵的回忆。

在此过程中,他也收获了大学期间印象最深刻的体验,这种体验叫作热爱,因热爱而将团队凝聚在了一起,因热爱而投入,因热爱而无悔地付出。这种感受对他而言是弥足珍贵的,当没体验过的时候不会去多想,而当体验过一次就会想长期拥有,这也是后期他能在创业途中长期坚持下来的内在原因。

2012年,30岁的施润春站上了人生的分水岭,迷惑随之而来:而立之年,这辈子再不做些什么,肯定会遗憾。

六年前,大学毕业后施润春有一份安稳的工作——在卫生局负责全市三

勇立浦江潮 "创"梦新时代
——上海高校毕业生创业典型人物集

甲医院的信息管理,朝九晚五,安逸清闲。但过了一段时间,他认定这不是他要想的生活,待在舒适区,会让自己废掉。于是他辞了职,进入充满竞争、节奏紧凑的猎头公司工作。再一次辞职创业,做猎头软件,也是出于同样的原因:怕自己废掉。

"改变自己也好,改变行业也好,这辈子总得改变些什么,才没白过。"这就是他的想法。

从小对电脑的兴趣与专业的学习,让施润春比别人多了一些系统思维和技术头脑,这促使他在做猎头的时候主动选择面向技术职能的人才,也让他在外资公司做猎头时,得以被委派去兼管内部的招聘系统。在这期间,他接触了国内外几乎所有的猎头招聘管理软件。

六年时间,施润春把猎头这个行业摸清楚了。招聘是很难标准化的行业,其中细分的中高端人才招聘(猎头)更是如此,需要人为评估的地方很多。但是无论低端还是中高端,招聘都是一个对工具有依赖的工作,用施润春的话说:"实在不行,用Excel也行,但是会很累。"一款好的招聘管理软件,能够给企业的招聘、HR工作带来巨大的便利。然而在国内,好的招聘软件少之又少。大企业要么选择购买国外软件,要么自主研发,小企业没钱没实力,只能买便宜的软件凑合用。甚至有不少企业还在沿用2000年初的单机版软件。和美国比起来,国内的招聘行业使用的工具非常原始。

施润春意识到这其中存在巨大的市场空白,于是决定自己着手来做。他并不知道中国的创业大潮会在两年后汹涌而至,当时别说找创业的风口,他连第一批客户都没找到。用了大半年时间独自闭关完成产品的原型设计后,施润春通过朋友结识了技术合伙人方雷和吴念祖。幸运的是,三个人的脾气秉性比较接近,都能够沉下心一心一意做事,在大方向上又持有一致的技术理念,最初的团队就这样组建了。

团队中施润春负责产品和UI,方雷负责后端架构,吴念祖负责前端架构,三人放弃之前的高薪,在基本不拿工资的情况下就这么开始干。没有办公室,没有投资,平时在家远程工作,需碰头时则在咖啡馆开会,或者借用朋友公司的会议室开会。最初的一年,其他什么都没做,就是踏踏实实地埋头专心开发产品。三个人同甘共苦,彼此扶持,在这个过程中慢慢凝结出深厚的友情。

后来他回忆说,这是特别幸福的一年,虽然一分钱没赚,但其实是厚积薄发,准备着把这之前的人生积累化作巨大的能量。创业两年后,三个人才正式开始拿工资。

公司优势:
站对风口,行业深耕,赢得口碑

猎头招聘软件是一个很小众的产品,在这个细分领域,国外差不多有五六十款不同的产品,甚至因此诞生了好几家上市公司。实际上,不只是在这个领域,国外的整个2B(To Business,即以企业为客户)市场都很发达,仅在欧美就有约2 700万家2B企业,其中三大领军公司Oracle、SAP、Salesforce,市值总和超过了4 000亿美元。而在中国2 200万家企业之中,连一家市值10亿美元以上的SaaS公司都没有,社会整体对企业级SaaS系统的认知也非常不足。

形势从2015年开始有了变化,随着一大批O2O企业的倒下,国内的资本市场也开始寻找新的风口:企业服务+互联网,通称"2B互联网"。这个风口的出现并非盲目,2B服务相当于互联网的"基础设施",中国的互联网发展了20多年,人们终于意识到,各类"基础设施"没有得到合理的分配和应用,企业分散式地重复开发造成了极大的资源和成本浪费。美国作为在互联网领域最先起步的国家,企业级应用服务行业的蓬勃发展很能说明问题——美国目前有45家SaaS上市企业,总市值接近2 000亿美元,这给中国的投资人带来了启示:这一行业具备巨大价值。

2012年就开始研发产品的谷露,可以说提前好几年就做好准备,赶上了这个创业的风口。

"这不是运气好,即使是在'2B互联网'最风行的时候,也没有多少创业者敢涉足这一领域。因为2B产品和2C（To Consumer，即以消费者为客户）产品有很大的不同，并非有创意、有点子就能干。它涉及复杂的行业特性和企业业务流程，创始者必须在一个行业有深耕的经验，有相当厚实的积累，才能开发出针对特定行业和不同企业，具备高适应性、高扩展性以及灵活的可配置性的产品。"施润春解释道。

六年的猎头经验，让施润春深谙这一行业的"关节"和"痛点"，这让他能够在进行框架设计的时候，将一线的猎头管理思路融入产品中。比如，简历管理工作庞大又烦琐，施润春在简历管理的自动化方面做了很多优化，实用的批量处理功能、解析筛选功能都能够让系统使用者大大提高效率。再如，对猎头来说，维护候选人关系很重要，但这项工作也很费时费力，谷露软件从工具层面实现了维护方式的部分标准化，有效减少了时间和人力成本。

因此产品一经面世，就受到客户的青睐。在得到天使轮投资之前，公司只有三个合伙人，连办公室也没有，但那时他们已经靠自己的产品和口碑签下了近百家付费企业客户，其中包括世界500强企业。

挑战：盈利太早未必是好事

施润春的谷露软件自从在猎头行业闯下一番天地之后就一直都在赚钱，2015年的营业额已经达到2013年的十多倍，颇受用户好评。

没有被短期的成功蒙蔽了对行业的思考，施润春意识到快速的盈利并不意味着谷露的未来必然一帆风顺。

同为面向企业提供SaaS招聘软件的供应商，谷露在国内的竞争对手规模更大、知名度更高、起步更早，近年来都在不断扩张，蚕食市场。

面对气势高涨、资本雄厚的竞争对手，谷露拿什么来拼？

首先，拼产品。产品是第一位的，谷露的产品设计明显有别于其他竞争对手，而且在以每天至少一个版本的速度更新迭代。施润春对产品的定位是做出一款可以走向世界的招聘管理软件,这就要求谷露团队不仅要保持原创能力,挖掘提炼本土化的需求,同时也要有全球视野。

其次,拼团队。施润春的团队基本都是年轻人,成长非常快,施润春只招两种人,一种是有干劲的、学习能力强的年轻人,另一种就是对招聘行业有深刻理解的人。谷露团队的成长很快,除了产品,团队成员的成长性也是施润春最为关注的。施润春相信,团队人员不在于多,而在于精,在于合作意识,有团队精神的成员如果发挥协同作用,能够带来几倍的效率。

还有一点,拼人脉。在互联网时代的"创业秘笈"里,科技创新、商业模式创新往往是关键的成功要素,"人脉"这个词,听起来更像是上个时代的遗物。但在猎头招聘这个细分领域,没有人脉,寸步难行。施润春的创业过程之所以看起来顺遂,是因为他不需要拼得头破血流,合伙人来源于人脉,客户来源于人脉,连投资人都是人脉的人脉,这一切几乎都是"水到渠成"的。早期积累的人脉,使得施润春在这个领域闪转腾挪,如鱼得水。

但是,拼这些就一定会赢吗?

"尽管从理论上来讲,所有企业都需要这个产品,这个市场看起来几乎无限大,但现实是,国外的大部分市场份额都被几家大型的上市公司占据,谷露才刚刚起步,未来一大批2B企业将乘着风口发展起来,谷露的对手或将越来越多,竞争趋势也会更加激烈。"施润春创业以来一直都有强烈的忧患意识,"根据美国SaaS软件行业的经验,公司一开始就有利润,并不一定是好事。因为SaaS的盈利模式,不是靠一次性出售来赚钱。打个比方,一个软件卖出去50万元,普通软件服务商能够一次性收取这个费用,SaaS的模式则是每年收10万元,五年收完。按照这个商业逻辑,SaaS模式在第一年应该出现亏损才对。假如没有亏损,那很可能是因为公司投入不够,这样一来,会给竞争对手留下很大的可乘之机。"

因此从2015年开始,施润春把目光从盈利上移开,投了大量资金开发第二个产品,从猎头这个细分领域延伸到更大的企业HR市场。当然,他在猎头领域也投入颇多,相继推出繁体版、英文版产品,开始进军海外市场,并且已收获良好的反响。

到了2017年,谷露已经先后获得两轮投资,成为一家拥有百人以上规模的公司。企业HR产品已经从最初测试版,到基于谷露PaaS框架的HR Beta版,再到足以支撑大型集团企业使用的HR 2.0版,并持续地进行迭代更新。过硬的产品实力与高度的定制化能力让谷露陆续获得了腾讯、GE、复星集团、顺丰集团、吉利汽车、龙湖集团等口碑客户的认可。而在作为其立足基础的猎头市场中,谷露的占有率也进一步扩大,成为国内第一。

2018年,在施润春的带领下,谷露进入了另一条高速发展的新跑道,在招聘趋势及前沿技术上继续探索,强势携手人力资源业界伙伴达成官方战略合作与产品深度结合。

"做一家真正优秀的互联网企业,为客户提供全球最好的招聘管理系统。"这是施润春的梦想,也是所有从五湖四海加入谷露大家庭,共同奋斗的小伙伴们的梦想。

2018谷露猎头大会

创始人说——施润春：
实在一点，市场需要有用的东西

"创业对我的改变很大。在创业之前，对自己的认识很浅，但是创业之后，感觉自己的成长以天计算。我不断在思考的问题是：如何给客户提供有价值的产品。我之前在外资猎头公司做过，经历过一些很好的培训和教育，所以在产品中加入了一线的猎头管理思路，同时成立了谷露学院，联合同行朋友，做分享、启蒙，理念的传达，以及工具方面的实践，目的是希望产品能够直接对猎头的招聘工作有所助益。"

"谷露的猎头版产品从2013年中开始推向市场，到2015年，在这个细分市场站稳脚跟；企业版从2016年研发到2018年赢得部分口碑客户，还在稳步扩大影响。做2B产品不能浮夸，要专注于产品本身下功夫。一开始我一家家猎头公司去敲门，做演示，速度比较慢，因为那时我们还没有任何知名度。后来我把之前做猎头的各种想法提炼成了十张图表，都是干货，纯粹的业务分享，没什么宣传色彩，在网上一经推出便被广泛接受。不少猎头朋友们基本都通过这些图表认识我，还有人叫我'表哥'。文章火起来之后，每天都有很多人打电话进来请我去做业务分享。"

"我的想法很简单，也很实在，这个市场需要有价值的产品。作为创业者，我的创业初心是想要为市场、为社会创造有用的东西。就我的创业经验来说，2B产品用户黏度不像2C产品强，因为它是为了工作，不是为了玩。所以，只有从根本上促进业务，客户才会使用。第二点，2B产品需要灵活地适应不同企业的业务流程，扩展性和灵活配置性都必须很强，同时也要兼具稳定性，企业客户对于Bug几乎是零容忍的。"

"决定创业的时候，就要抱着希望行业更好的愿望，做任何事，都是为了实现这个初心。有些观点认为互联网发展起来，就要颠覆一切行业，要取代人的作用。我不同意，人的创造性价值是不可替代的，我们尊重人的价值，我们的目标是尽最大努力助力行业里每一个辛勤工作的人，做他们的垫脚石，帮助他们事半功倍。"施润春是这样提醒创业的年轻人的。

我的青春 我的主场

衡建军 甘肃陇西人。上海灵谷生物科技有限公司创始人。上海海洋大学经济管理学院市场营销专业2019届毕业生。2014年9月光荣入伍,期间多次获得嘉奖。回校之后,积极参与学校的科创项目,并于2017年6月成立了上海灵谷生物科技有限公司。目前,衡建军团队自主研发的系列产品已获得多项专利和著作权认证。其个人创业奋斗故事在《新民晚报》和浦东电视台,都有专栏报道和采访。

对学习从不懈怠,即使身着军装亦然

2013年,出生在一个中医药世家的衡建军像其他高考学生一样参加了高考,进入上海海洋大学外国语学院韩语系。此刻的他不会想到,学习韩语的自己还会和中医药有什么联系。衡建军入校以后,积极学习专业知识,锻炼自身各方面的技能,并获得了上海海洋大学2014年度的优秀团员称号。或许是男孩子心中都有过一个从军的梦想吧,衡建军于2014年报名了大学生志愿兵的招募,并于9月份光荣入伍。在部队服役期间,他努力学习军队的技能,增强自身能力。其间参加了多次主要任务和活动的安保救援工作,并多次获得嘉奖和选送学习的机会。此外,还曾获得莆田城市优秀市民称号,在卫生员集训时获得优秀学员称号。即使是参军期间,衡建军也从未放松过自己的学习,虽然条件艰苦,但他仍坚持读书学习,在当兵的两年间,阅读了300多本书。2016年光荣退伍,回学校后,他从外国语学院转到经管学院,学习自己更为感兴趣的市场营销专业。他积极勤工俭学,并自主创业成立了工作室,参加学校学院的科创项目活动,在学校军事社团担任骨干职务,积极主动完成军训教官工作,为学校新生的军训课程贡献了自己的力量。这也为新生的教育树立了良好的榜样。在校期间,衡建军还多次获得学业和创业方面的嘉奖,特别是在创业方面,表现得尤为突出,在同学中产生了良好的影响。

衡建军

对创业热情不减,即使艰难险阻亦然

"这是一头神奇的小鹿,它最大的愿望就是寻找到世界上最好吃的草,不仅自己享用,还要给更多的人分享……"在第十九届中国国际工业博览会上,衡建军与众多参展商、投资人、观众分享自己的创业理念,并夺得了工博会优秀作品奖。这是衡建军第一次带着自己的成果走向这么大的舞台。回想起当初的创业经历,衡建军有许多话想和我们分享,但却不知该从哪儿说起。创业的初衷,中间的波折,团队的努力……衡建军思绪万千。那就从最开始说起吧。

参军回来以后,衡建军如愿转入了经管学院,在市场营销专业的课堂上,他学到了很多专业知识,培养了对市场敏锐的洞察力,也似乎培养出了对于"商机"敏感的一面。看到饮水机前排起的长长的队伍,看到同学们手里握着的保温杯,以及水渣桶里的枸杞,有什么东西在一瞬间一闪而过。衡建军觉得,追求养生的群体好像更加年轻化了。

刚开始,他说不能算是创业吧,只是有了一个初期的目标,保温杯里泡的东西都有什么,或者说应该是什么。于是他联合几个感兴趣的小伙伴一起

衡建军与团队成员

勇立浦江潮 "创"梦新时代
——上海高校毕业生创业典型人物集

"入坑"。他们一起思考未来的方向,一起泡在实验室里做研发,把产品做出来才有底气谈及其他。第一代的效果或许并不太理想,较之市场上的更为成熟的花茶略显稚嫩。团队徘徊在放弃的悬崖边上。但此时,衡建军在军队里训练到的坚持血性被激发出来,他坚信坚持就是胜利!老师和同学们鼓励的话语,更是给这群年轻人带来了勇敢前行的动力。为了获取饮品市场的第一手信息,团队走访了上海数十所高校进行调研。其实调研的方式很简单,就是翻看每所高校的教室、图书馆门口的垃圾筒,观察老师、同学倾倒的茶渣主要有哪些原料。看起来这么土气的办法,却让衡建军掌握了不同类型高校、不同人群的喜好,比如,复旦、上海交大等学业压力大的高校以提神的绿茶为主,海洋大学等临海的高校驱寒的姜茶多,视觉艺术学院等女生居多的高校喜好养颜的花草,而工程技术大学等男生多的高校枸杞占了相当一部分比重。就这样,经过线上问卷调查、线下的走访、成员们亲自去翻许多水渣桶的调查研究以及通宵达旦对市场销售产品的对比,不断查漏补缺,衡建军对市场需求的了解一点点清晰起来。以大学生为首的青年群体尽管年少力壮,但对自身的保养一点也没忽视,同时他们又带有各自的保养目的,对饮品有着细分的需求。

在掌握了市场信息后,团队开始研发第二代产品。首先,为了获得最好的原材料,团队先后赴湖州、合肥、亳州、广州等几处国内规模最大的药材交易中心寻找供应商。在找到质量上乘的食材后,衡建军就一头钻进了学校实验室和图书馆,研发产品。衡建军说,那段时间,仿佛泡在实验室的生活并不枯燥,相反却是充满生机与活力,每天都有新的期待、全新的想法,浑身仿佛有使不完的力气。或许这就是梦想的力量吧。衡建军很感谢海洋大学有这么一个浩如烟海的图书馆,仿佛是永远摸不透的宝藏。在遇到难题时,图书馆的书籍可是帮了大忙!在书的海洋中查找每种药材的资料,辨析它们夹杂在一起的属性。这一切,都是为了获得更好的口感。

终于,衡建军团队的产品——鹿痴花草茶问世。

创业的时候,每天衡建军都忙得脚不沾地。自己的产品不仅仅要面向大学生,更要面对全国的市场。自己现在仍是一名大四的学生,课不多,但需要

上海海洋大学程裕东校长与鹿痴花草茶团队交流

完成学校布置的任务以及自己毕业的课程论文的任务。不过衡建军从未想过放弃或是延迟,自己选的路,无论多么艰难,还是要坚持。最终,衡建军团队在2017年6月成立上海灵谷生物科技有限公司,衡建军担任CEO一职。他们积极参加学校和校外单位组织的创业比赛,并多次获得较好成绩。衡建军个人也陆续获得多项个人专利和著作权认证。他的个人创业奋斗故事在《新民晚报》和浦东电视台都有专栏报道和采访。同年,公司获得众多投资公司关注,2017年9年获得30万元融资。2018年3月,获创青春市级三等奖,6月获互联网+市级二等奖,在学校申请俩人创客,8月获得俩人创客优秀项目奖。

坚定理想信念,即使站到高处亦然

衡建军团队在花草茶的包装上面也是颇费了一番心思。他说:"鹿在人们心中是一种颇具灵性的动物,形象也非常可爱,而将鹿角换成金银花、鹿鼻换为桃心、鹿尾换作小嫩芽,也体现了花草茶的特征,进一步将鹿的形象与花草茶联系在一起。"团队花了一个月时间,才设计出他们心目中的完美形象。而茶包上的字体,也是他们一笔一画设计出来的。将品牌命名为"鹿痴",衡建军也笑称是因为自己是"路痴",在外地考察时因为找不到路被同伴唤作路痴,这给衡建军带来了灵感。"鹿痴"也是他们对花草茶品质孜孜不倦的追求,这一份"痴心"值得他们永远保留和坚持下去。衡建军特意找来了几位具有设计才能的同学加入他们的团队,共同以"鹿痴"形象开发品牌故事、设计插画,这才有了开头衡建军向投资人、参展商娓娓道来"鹿痴"故事的那一幕。这种理念博得了不少投资人的认同和赞赏,在工博会上就有投资人与衡建军私下接触,希望能以高价收购他们创造的品牌形象。

但衡建军的心不止于此,他希望能将公司打造成一家互联网+健康产业链公司,他特意邀请了上海海洋大学工程学院的王鹏作为技术总监加盟,希望能够建立起自己的数据库,未来通过对客户群体、购买行为等数据的分析,针对不同人群开发针对性的花草茶产品。这样的思路得到了不少创业导师的认可,在第二届临港杯极限营销大赛、上海海洋大学创业精英训练营中,衡建军都取得了一等奖的好成绩。

虽然取得了一定的成果和关注,但衡建军团队却从来不骄傲自满,故步自封。他更加积极地和创业前辈、大咖们交流,吸取他们宝贵的经验。衡建军坦言章燎原创立的三只松鼠给了他很大的启发,在衡建军看来花草茶是一种健康养生产业,同样需要打造自己的超级IP。

2017年6月项目正式落地,其后短短一年的时间,衡建军的"鹿痴"花草茶即成为创业科技园里的明星企业。部队的经历让他能够理智地看待这一切,他说:"要说创业的苦,新兵营吃的苦比这难得多;现在取得的成绩也只是暂时的,随着我们规模的扩大,会有越来越多的困难和挑战。"衡建军团队虽然如此年轻,却也取得了如此多傲人的成绩。但他们却更加脚踏实地,一步一个脚印,继续对自己的产品加以改进,时刻观察市场动态、群众生活和国家政策。公司安排工作人员不定期进行市场调研,要求研发部不断调整产品。对于初创者,他说:"大概是要坚定理想吧!"是啊,理想是灯,照亮前行的路,而坚持理想信念,前行的路才不会迷失。坚定理想信念,前行的路才能走得更稳更踏实。

心中有梦　行则必成

李佐康　校U送联盟创始人。上海立信会计金融学院工商管理专业2011级毕业生。大二期间光荣入伍,大四创建了一个综合性高校大学生生活服务平台——"校U送联盟"。项目运营一年半的时间就创造了5 000万元的销售额。

初次创业,军营磨炼

2011年9月13日,李佐康提着行李箱,远离福建老家,只身前往这座充满魔力的都市——上海,怀揣着对未知生活的期望踏入了上海立信会计金融学院,迈出人生第二阶段的第一步。

刚进入大学的第一年,他和许多同学一样,对大学校园的未知事物充满兴趣。

来到一座陌生的城市,第一天晚上,怎么也睡不着,于是他就去操场转了转。走到篮球场时,灯火闪亮,三三两两,打球声不断。"哥们,再加一个吧!"他朝打篮球的男生们喊着,球立马向他抛来。就这样,大学校园里我们总能看到他和一群好哥们在球场挥汗如雨的身影。"大一新生杯班赛冠军"及"个人MVP"、"11年运动会跳高冠军"、"第九届校篮球联赛冠军"及"个人MVP"、"第十届校篮球联赛冠军"及"个人MVP"、"第十一届校篮球联赛亚军"……

似乎在学院的球场也曾流传过他的故事。

记得他还说过,他的偶像是艾弗森,希望自己可以像艾弗森一样,有一颗永不言败的心,无论遇到任何困境,都绝不会轻易服输。他还有一个未曾说过的梦想,希望有一天可以和偶像艾弗森一起打一场篮球,来给他的篮球梦画上一个圆满的句号。

因为篮球,给了他赤子之心;

因为篮球,给了他在大学的宝贵回忆;

因为篮球,给了他一群肝胆相照的朋友。

可能是性格比较内向的原因,他参加街舞社、健身社后很快就都草草放弃了,只有开头却没有结尾。然而,在他的心中,一直压抑着一股熊熊烈火,他成天在思考着一件能让他释放心中之火的事情——创业。

他天生就有一颗"躁动"的心。因为他向来对数字比较敏感,身边许多"能赚钱"的事情都非常吸引他的注意。大一刚结束的时候,他发现大一新生对生活用品的需求极大,而学校周边商业街卖的新生生活用品要么价格很高,要么质量极差,于是他开始思考其中的商机。

好的想法谁都有,但真正能把自己的想法做出来的人极少。这种切实的干劲正是李佐康能成功的原因之一。就这样,他带着大学里玩得比较好的几个兄弟,每人凑了1 000元钱就开始了人生的第一次创业。

刚开始做的时候的确碰到了很多艰难险阻。他们在整个上海到处找货源,对比价格、谈价格,找销售途径、找销售场地,想尽一切办法宣传。好在卖新生用品时,李佐康不是"光杆司令",身边一直有志同道合的好哥们陪着他,一直支持他。

"两辆4.2米长的卡车运货到上海金融学院民雪路,从下午4点卸货卸到凌晨4点。我们只睡1个小时,凌晨5点又得起床配货。"李佐康回忆,当时约5人卸货却卸了12个小时,一直没吃饭,卸完货所有人都累瘫了,倒头就睡。当年那些卸货的人如今大部分成了他的合伙人。

李佐康说起生意经那是头头是道,一些生活用品价格并不贵,拼的就是薄利多销,要赚钱必须控制成本,进货渠道十分关键。一个蚊帐,从厂家直接进货,比从经销商手里拿货要便宜近一半。床上三件套、蚊帐等商品直接从厂家进货,棉衣架等小件才从经销商手中进货,方便的运输业更有利于控制成本。还记得有一次他和供应商拿货,为了便宜1毛钱而争得面红耳赤,供应商都调侃他是"一毛不拔"的人,现在想起来他都觉得十分有趣。

功夫不负有心人,通过长达半个月的筹备,在新生开学的那天,他们赚到了人生第一桶金,销售的净利润将近15 000元。除了主要成员外,当时还有好多人来帮忙,最后他也没亏待大家,只要是来帮忙的和找来的兼职同学,他给他们每人300元作为"报酬",并请大家吃了顿大餐。最后,虽然他拿到手只有1 500元,但这却是梦的开始。

这次新生用品的销售大战打得十分响亮,这不仅是李佐康认识中的第一次创业,还开创了新生开学季生活用品销售的"先河"。这次创业,让李佐康体会到了创业的艰辛,但同时也令他更加自信,更加坚定自己的创业出路。

本以为会继续寻找商机进行创业的他,就在团队组建好,蓄势待发之时,正赶上大学生冬季征兵。怀着一颗"好男儿就要去当兵"的心,他毅然决然地在继续创业和应征入伍这两条路中选择了后者。他的几个好哥们也不离不弃,跟着他一起应征参军。他们约定——退伍回归之日,便是创业继续之时!2014年12月,两年义务兵役结束后,他重新返校,身边的

李佐康军装照

一切感觉既熟悉又陌生。

他用了半年的时间做调整，使自己从军营的生活状态抽离出来，融入学校的生活。半年后，"不安分"的他，又开始了创业的念头。

这次创业的目标依然是大学生市场，不仅是因为他熟悉大学生市场，更重要的原因是，他非常看好全国高校这个庞大的市场。

有资料显示，放眼全国高校，最能花钱的高校生不在北上广。花钱最多的前三名是：浙江大学、吉林大学、四川大学。如果按天猫年购买金额超5万元的人数来看，手里不差钱的学生最多的高校是：吉林大学、西安交通大学、浙江大学。那么，大学生们都爱网购什么东西呢？天猫数据显示，水果、智能手环、数码产品、服饰美妆等很多日用品，都是大学生们最常下单的品类。由于高校市场的各种特殊属性，他知道，这块"肉"又大又肥。这一次，他要的不仅是新生入学的"小蛋糕"，他要开始向他的人生目标大步迈进！

融石为甲，披焰成霓

不同的乡音都说普通话，不同的经历异乡来安家。
同样的青春血一样的热，风雨中打拼把汗水播洒。

——《心中有梦》歌词

新时代背景下，大学生作为新的消费群体，其生活与消费习惯都已经发生变化。"互联网+"的时代，服务市场进一步细化，大学生也追求更加健康和多元的消费理念，很多传统行业都已经无法满足大学生的切实需求，例如传统食堂单调的菜式，导致外卖进入校园的覆盖率大幅增长。支付方式的变革，使大学生的生活更加便捷，与此同时也带来许多的隐患与问题。例如，大学生涉世未深，很容易被不法经营商贩的花言巧语所迷惑欺骗；外卖送餐人员与快递人员随意进出校园带来的失窃、打架斗殴等矛盾问题；创新创业、共享理念的先进理念与现实条件的矛盾;等等。

由于高校市场的商业潜力无限,利润巨大,使得学校附近店铺房租远远高于同城其他地段,一定程度上造成大学城周围商铺、饭店等难以长久落脚,以及管理不及时且混乱等问题。同时,校外人员随意进入学校,目的不明,难以有效管理和保证学生安全,迫使学校禁止外来配送人员进入学校,导致校外饭店的配送十分困难。通过调查分析这些周边市场,李佐康发现,这些商铺、饭店皆为独立运营,由于没有一套完整的体系可以将这些资源整合,更没有一个高效有序的物流配送体系来为高校师生提供全面、舒适的服务,校外食物入校入室成为一大难题。一个系统全面的综合服务平台正是顺应当下市场需求的产物。李佐康发现了其中的漏洞和商机,于是决心成立校园生活平台以弥补市场的空缺,为高校带来更便捷、更智慧、更优质的服务。就这样,经过两年的摸爬滚打,结合传统的营销经验和对互联网的了解,2016年他创立了"校U送联盟",并组建了一支战斗力更强的创业团队,该项目在学校的扶持下于2017年1月1日在上海立信会计金融学院浦东校区正式启动。

"校U送联盟"以全国高校大学生为目标群体。虽然O2O创业的大部分项目也集中在衣食住行上,但由于社会上人的需求差异大、供需分散,故而方案较多地集中在了垂直领域,比如打车、家政、汽车后市场等,并没有一个综合、完整的生活服务类应用平台出现。相对而言,大众点评、美团则能更多集中于线下商户的吃喝玩乐。但李佐康觉得,对于高校来说,衣食住行是一个长尾市场,只是没有整合进大的O2O平台。例如高校周边小吃一条街、文具零售店、洗衣店、日常用品店等。所以从经济学的角度理解,在同特质大量集中的特定群体需求下,综合平台是最有效的。

在此考虑下,李佐康和几个创业伙伴致力于开创大学生一站式服务机制,将完整的资源共享平台与快速、优质的配送服务及智能化设备综合运用。

校U送联盟项目,通过创新教育、创新机制建立起适应学校后勤改革的学生资源管理体系,深入日常生活文化建设,建立科学饮食的管理模式,用科学技术手段加强生活服务中心的科学化、规范化、制度化管理,确保校园生活便

李佐康工作照

捷和校园安全。一是为广大师生提供一个全面的智能感知环境和综合信息服务平台,提供基于角色的个性化定制服务;二是将基于计算机网络的信息服务融入学校的各个应用服务领域,实现互联和协作;三是通过智能感知环境和综合信息服务平台,为学校与外部世界提供一个互相交流和互相感知的接口。以"智慧校园"为工作方针,建立现代企业制度为方向,积极推进校园生活改变,构建和谐校园。

李佐康回忆,最困难的阶段莫过于项目启动前的筹备阶段,当时团队还未组建完善,几乎所有事情都得亲力亲为,包括成立公司、注册商标、设计Logo、搭建系统平台、拟定项目策划书和运营方案、寻找可合作的商家、购买设备等等。每天通宵熬夜忙到近乎崩溃,独自一人在床上趴一天一夜,当时真希望有一个高人可以给他指引前方的道路,结果却是只有自己硬着头皮往前冲。

他调侃自己说:"没办法,自己选的路,跪着也要走完!"就像他最喜欢的NBA球星艾弗森一样,被对手撞伤满口鲜血后,裁判不让流血的球员上场,他就把嘴里的血吞下去继续上场为球队战斗!李佐康说:"虽然我没有艾弗森那

勇立浦江潮 "创"梦新时代
——上海高校毕业生创业典型人物集

李佐康接受媒体采访

么伟大,那么有成就,但是他的精神一直激励着我在遇到任何困难的时候,绝不轻易放弃!"

功夫不负有心人。目前校U送项目的架构已经发展成为一个基于高校配送体系的综合服务平台,其板块包括餐饮配送、线上超市、早餐预定、云打印、云洗衣、青春集市等,服务体系贯穿线上线下,初步满足了高校学子生活的刚需。

2017年开始在上海立信会计金融学院浦东校区进行落地试点,年营业额达到1 327万元,净利润率达7.9%。其中90%的营业额和利润来自它的明星板块:餐饮配送。这套模式清晰的配送系统,在近一年的小步快跑和迅速迭代中实现了四个"超级"——超多选择:合作商家过百,提供商品过万;超低价格:标价低于竞品20%;超级便捷:配送直接到人,并承诺30分钟达;超大流量:万人校区实现平均日点击量超过5 000次,下单超过2 500单,已经成为试点校区内最大的流量平台。

李佐康很自信地分享了他的秘密蓝图——希望做中国最好的高校综合服

务平台,收集海量的大数据,迎接AI时代革命,向数据提供商转型。从校U送的发展图谱中可以看出,第一板块的校园生活服务已经全部落地,并已横向向各个学校做拓展。在业务推广中,福建师范大学特别认同校U送的理念,委托校U送制作校园管理这一板块的软件开发。

截至2018年6月,校U送联盟在上海立信会计金融学院的营业额已经将近2 000万元,并且项目已经拓展到除上海外包括重庆、广州、厦门、福州等地的部分高校,团队成员也从最初的几个人增加到现在的上百人。2018年,已经确定与全国5个省市12所高校开展相关业务合作,其中包括211大学厦门大学。令李佐康欣慰的是,项目运营一年半的时间就创造了5 000万元的价值。

心中有梦,行则必成

李佐康一直非常相信一句话:"心中有梦,行则必成。"未来的路还很长,也一定会遇到更多未知的挑战,但他唯一能确定的一点就是:

放马过来吧!

一个爱"折腾"的大学生创业者

邓洋洋 浙江杭州人。淘洗洗智能科技(上海)有限公司创始人兼CEO。2014年毕业于上海工程技术大学电子电气工程学院计算机科学与技术专业。第四届上海市松江区青年联合会委员,上海工程技术大学电子电气工程学院校友会理事。

淘洗洗智能科技(上海)有限公司成立于2012年,首创针对校园智能自助洗护空间+一键上门服务模式,致力于成为中国校园洗护行业领导者。目前针对不同校园现状,为运营商提供最可靠的智能模块升级服务及整体场景式解决方案,让用户感受更优质、更便捷的服务体验,同时实现对机器的实时监控,实现更高效的运营,满足用户多样化需求。淘洗洗提供个性化定制方案,解决校园洗护问题,拥有领先的硬件研发支持和完善的软件服务体系,投入全系列产品结合场景式应用,通过产业链垂直整合创新和深度运营,不断创造全新的体验方式和更高的用户价值。

在学校的支持下,2017年4月,淘洗洗的第一个校园智能洗护服务站顺利落地。2018年5月,项目发展近一年时间,淘洗洗已经覆盖数百所学校、酒店、公寓等,平台年交易额突破千万元,用户量近百万人。

这是一个干瘦精练的年轻人,目光如隼。大学毕业三年有余的他,

邓洋洋

逐渐从2013年第三届中国(杭州)大学生文化生活创意节"赛马会"现场创业赛上的一等奖获得者,蜕变为国内领先的智能洗护品牌"淘洗洗"创始人。

初入校园,实践活动的热衷者

"我比较喜欢大学校园的社团和志愿者活动,这样感觉大学生活更充实。"这是邓洋洋对于大学活动的认识。他从进入大学校园一开始便加入社团,他所负责的社团多次被评为明星社团,由于表现突出,很快成为社团联合会的主席团成员。除了校园内的社团活动,他还积极地做上海图书馆、上海科技馆志愿者,还荣幸地成为世博会园区志愿者。

经过一系列志愿者活动的经验积累,他带领十多个社团成员与街道图书馆合办关爱留守儿童的社区暑期兴趣班,开展了近一个月的英语班、计算机班、乒乓球班教学。由于各个班级不在同一个地点,他需要骑着自行车,克服夏天的高温,穿梭于各个班级之间,为各个班级的"小老师"提供冷饮和食品,并在每天结束后与班级负责人开会总结,不断地调整优化备课内容。暑期班时间之外,他还同时在面包店和同学们一起兼职,赚取一些生活费。邓洋洋回忆那段岁月依旧难以忘怀:由于有几天是白天去暑期班带队,晚上兼职偶尔要通宵,下班后在寝室用电脑写暑期班的每周小结,打着打着思考时就睡着了,有时醒来已经快天亮了。辛勤的付出得到了意外的回报,在本次活动结束后,他在老师指导下将活动做成课题,并获得了上海市大学生暑期社会实践一等奖的荣誉。

一块小肥皂的创业初体验

"创业的萌芽一直在我心里,经过大学的各种社团活动和实践,到了大三觉得自己各方面都成熟了,我就开始琢磨创业了,开始希望能够有更多的挑战。"邓洋洋觉得自己作为浙江人,创新创业基因与生俱来,尤其是杭州在新一轮互联网经济大潮中的迅速崛起给了他很大的触动。"从宗庆

自主设计的手工肥皂

后、鲁冠球,再到马云、丁磊,浙商审时度势、敢闯敢拼的精神一直都在激励着我。"

回忆起创业的"第一桶金",邓洋洋有些自豪:"根据台湾手工皂的灵感,自主设计定制产品,销量最好的一天卖出去1 000多块皂,一个月能有两万多的收入。"2012年,大三的邓洋洋和众多同龄人有着一样的诉求——独立的经济能力。为什么商场里的手工皂相较于超市中的一般肥皂价格高出数十倍?偶然的一天,逛着商场的他产生了这样的疑问。"这也许是一个不错的商机,可以试试看。"邓洋洋这样思索着。

有了想法马上付诸实践,前期市场调查也表明消费者对于相对自然的产品有很高的接受度,尤其一些女性对于手工皂类的产品比较认同。这让初次创业的邓洋洋很受鼓舞:"我开始和同学一起谋划,当时网店正是新兴行业,我们想着利用网络资源开一家网店。"由于淘宝店属于B2C类型的业务,需要随时和买家沟通,但他又没有那么多的时间,经过综合权衡考虑,他开了一个阿里巴巴B2B店铺,专门为一些商家提供精美的手工皂产品,和商家沟通就没有那么迫切的实效要求,还可以整箱发货,降低很多沟通成本,以跑量为主,这也是他在商业模式上的第一次选择。

他选择了没有租金的网店减轻了启动成本,但同时更多的难题接踵而至——电子电气工程学院计算机专业的他要怎么做好一块与化学息息相关的肥皂?一个"五大三粗"的男子要怎样揣摩透心思细腻的女顾客,在功能、效用上投其所好?怎么让产品包装看起来时尚大气又不超出成本?他发现很多类似的手工皂产品间差价可以接近一倍,经过仔细分析,他自行设计了产品包装并申请了专利,还向商标局提交了专利申请,在产品的美观度上做了深度的优化,让产品有了很好的溢价空间,高性价比让他的产品在市面上有了良好的竞争力。所有的收获都与付出息息相关,7款品牌为"御纯"的手工皂开始销售不久就成为当时的"爆款",月销售额达到10万元。当年,他也因此获得了上海市大学生科技创业基金会20万元的最高资助。

淘洗洗：创业的另一个起点

"大三的手工皂销售量一直不错，所以大四下半年校园招聘的时候有电商公司开出起步10万元的年薪让我做中层管理，负责电商运营，但我还是拒绝了，我想继续创业。"有着两年操盘经验的邓洋洋并不想就此结束创业生涯，"在校的创业项目在销售额上升到一定的时候，就到了瓶颈，我得寻找新的增长点，希望在创业路上走得远一点，还想再折腾折腾。"

这时邓洋洋的注意力瞄准了大学生洗衣难这一痛点。"大学宿舍，学生多，而整栋楼却只有几台公用洗衣机，排不上队不说，还不干净不卫生，对于学生来说很不方便。而且宿舍楼的普通波轮式洗衣机，学生用起来特别不方便——需要投入硬币，没有清洁消毒功能，缺少提醒功能，人不

上海工程技术大学校领导参加淘洗洗开业仪式

能离开太远……"提起大学生活与洗衣机的"恩怨情仇",邓洋洋一口气列举了很多缺点,"但所有的这些解决起来其实并不是很难。如今的支付宝/微信支付可以代替传统的投币机,同时也避免商家收到假币,节省定期取钱的人力成本。为什么不开发一款手机端的App软件呢?这样就可以将衣物的洗护情况实时传递给同学,免去了守在一边的时间成本。另外,一个臭氧消毒发生器的价格并不昂贵,只是传统的洗衣机市场反应缓慢。"

很快邓洋洋和他的团队就一起操刀设计了从物联网硬件(洗衣机)到软件(手机App应用)的智能自助洗护空间。邓洋洋给自己的洗衣点起了一个"ABB"结构的名字:"淘洗洗"。这种洗衣机与过去的自助投币式洗衣机不同——大学生们随时随地都能通过微信公众号,查看本地空余机位,并一键下单、手机支付。不但如此,在物联网上,每台洗衣机都植入了通信模块,待衣物洗好便立马发个微信给"主人"提示取件。洗衣期间,你想干嘛干嘛,不必守在一旁。他认为,衡量产品的标准只有一项——便捷,他们相信最简洁的内容就是产品最好的表达。

他不仅关注用户体验的便捷性,甚至连机器设备上的一些细节问题也逃不过邓洋洋的"火眼金睛"——普通洗衣机垫脚材料对电动机有不可忽视的影响。市场上的垫脚因成本原因,常使用硬的塑料制品,长此以往,随着塑料的老化,避震性能也会大幅度降低,从而增加售后故障率。因此,邓洋洋给自己定制的洗衣机穿上了"橡胶鞋",让设备在运转时更加稳定。

经过这一系列的考验,淘洗洗拿出了基础数据,想法得到了验证,并得到了数百万元的天使轮投资,准备推向市场,建立一个新样板,集合物联网支付工具和完整的洗衣、洗鞋、烘干、洗衣液设备等的一整套智能解决方案。这时邓洋洋的创新创业故事受到了母校领导的高度重视,在学校的支持下,2017年4月,淘洗洗的第一个校园智能洗护服务站顺利落地。上海工程技术大学16号宿舍楼一楼,原本的自行车房换了新颜:洗衣机、烘干机、洗鞋机等18台滚筒烘洗设备两两叠放,启用首个小时内便台台"爆满",尝鲜的同学络绎不绝。学校党委书记李江出席并为淘洗洗智能科技（上海）有限公司——上海工程技术大学产学研合作教育基地揭牌，同时该服务站还成为党员园区服务站、大学生创新创业服务站。该服务站在日常的运营中还会长期招募勤工助学的同学，同时也为有创业需求的同学解答学校科技园基本的创业服务政策。邓洋洋的创业故事在校园中产生了热烈的反响，并带动更多大学生创业，他的创业故事还被新华社、《解放日报》和《青年报》等众多媒体报道。

一杯茶的时间搞定百万投资

"我很幸运，看过很多一杯咖啡搞定数百万数千万投资的故事，但没有想到在我身上也发生了。"邓洋洋这样讲述"淘洗洗"第一笔投资碰到的趣事，"我之所以没有在公众场合宣传一杯茶搞定了数百万的投资，是不希望让大家觉得投资的钱很容易拿而盲目创业，而是希望大家能够更多地透过一杯茶一杯咖啡看到更真实的内容。"

虽然邓洋洋不充分了解他的投资人，但他的投资人来和他聊时已经把他的"底细"摸得清清楚楚，来聊就是最后下决定，并不是什么都不清楚，仅凭一次聊天就投资。很多人喜欢大肆宣传一杯咖啡搞定投资的故事，加入更多的情节去吸引更多人的眼球，而邓洋洋却刻意把这个事情低调化，把所有的曝光机会留给项目和产品。

邓洋洋从第一次创业开始，就表达了他对创业的看法。当时有老师邀请他去分享自己的创业经历，希望他鼓励在校大学生创业。他在分享中鼓励大学生创业的同时强调："创业项目的念头是冲动出来的也是正常的，但一定要好好想想，理性创业，别动不动拿那些国外的休学案例来说事，毕竟我们大家都是普通人，别耽误了大学顺利毕业。"面对学弟学妹们的创业提问，他的回答都显得非常真诚与朴实。

选择了远方，便只顾风雨兼程

2018年5月，项目发展近一年时间，淘洗洗已经覆盖数百所学校、酒店、公寓等，平台年交易额已突破千万元，用户量也近百万人。短短一年时间克服了技术的难题、人才的短缺、资金的短缺等问题，抢眼的数据背后都是辛勤的付出。在短时间内还拿下了第十一届全球创业周中国站雏鹰奖、第六届中国（上海）国际技术进出口交易会"十大人气项目奖"等一份份殊荣。

"创业让我变得坚韧不拔，以更快的速度成长。"谈起创业对自身的影响，邓洋洋这样总结道，"所有创业的人都会碰到两个困难——缺钱、缺人。到了一定阶段资金匮乏，内心动摇，也可能会想着自己当初如果选择在公司上班，生活可能安逸——外出旅游的次数不会锐减，去电影院的次数亦不可能寥寥无几，不用费尽口舌招兵买马……可我既然选择了远方，那就只能风雨兼程了。"虽有些揶揄创业之苦，邓洋洋却并不想放弃。他在上海慈善基金会关于大学生资助项目的分享会上表达了自己的心声："创业很难，我并不想把这件事表达得多么高大上，然而事实是可能有一千个人想创业，但只有一百个人会去行动，然后可能只有十几个人坚持了下来，最终可能只存活了一个。这是创业成功的概率，如果你能看穿这样的事实，依然热爱挑战，希望创业，那你就是真正的勇士。"

他在力所能及的情况下会接受很多大学生的创业分享邀请。他说如果有一天创业能够稍微再成功些，他希望能够以自己的资金与经验去帮助更多的青年大学生创业者，让他们在创业路上可以多得一份帮助。同时也希望自己日后能够承担起更多的社会责任，做好公益，他认为这也是当代青年大学生群体应有的担当精神。

诚然，创业不易，但既是心之所向，素履之往便好。这不仅是邓洋洋一个人，更可说是90后这一代优秀大学生创业者共同的心态。

造梦"西游技"　创业取经路

黄　皓　"西游技"团队CEO，上海思谋文化传播有限公司创始人兼CEO。上海应用技术大学计算机学院网络工程专业2016届毕业生。2015青年大学生创新创业大赛20强项目获得者。大学期间加入新东方教育科技集团上海分公司担任市场总监助理，主要负责新东方年度教育展前期校园推广和活动现场学生组织；在TCL集团股份有限公司担任管培生，获得销售组冠军的荣誉；临近毕业，为了解决海外留学信息不对称、留学安全等问题，创立了"西游技——海外留学租房服务平台"，并获得300万元天使轮融资。

一个人出众的才能和个人魅力，一群人努力踏实的态度和工作作风，一个团队坚不可摧的信念和非凡决心……就这样一群敢想敢为的青年，在哪怕没有吴承恩的情况下，也毅然决然地踏上了"求取真经"的路途，无惧风雨，用青春的朝气和勇气"谱写"了一部无怨无悔，同时也精彩异常的"西游技"。

90后的他，从留学生里找到了灵感

黄皓，一个阳光帅气90后大男孩，认识他的同学、老师都对他赞不绝口。

曾担任学生会主席的他,创业的起点是一家校园传媒公司,承接校园广告业务。经营过程中,黄皓逐渐有了疲倦感,他觉得"做这件事情没有太多的挑战,更像是在做生意"。这期间,公司与不少教育机构、留学公司有过合作。他发现,大部分留学中介提供的服务侧重于学校申请,学生拿到Offer后往往不知所措,而首先要解决的便是住宿问题:学校公寓有限且价格昂贵,大部留学生只得选择校外租房。

黄皓咨询了周围有过留学经历的同学,发现普遍面临租房难的痛点:首先,沟通困难,信息不对称。留学生与老外交流存在障碍,对当地风土人情难以获得足够了解。其次,资金安全得不到保证,面临受骗风险。而当时市场上少有的几家专注于留学后市场的机构,中介费昂贵、效率低。中国留学生普遍的做法是找国内或者国外的中介,但这样他们就要承担较高的中介费用。黄皓从中嗅到商机:可以针对这些痛点,做一个留学租房服务平台。

黄皓在产品发布会现场

基于留学生的这几个共性问题,考虑到日益繁荣、越来越壮大的中国留学生市场,黄皓在与几个"好哥们"共同讨论商议后,当即决定组建自己的团队,立志为中国的大学生解决这一系列的留学问题。于是,说干就干,各有所长的"师徒"几人毅然着手构建起了自己的"西游技"。

90后组建的团队可不只有90后

在黄皓组建的"西游技"团队中不只有90后,也有不少70后和80后。很多人都问,为什么有着丰富社会工作经验的70后和80后会愿意跟着一个初出茅庐的90后干?其实,这并不难理解,拥有出色的社交能力、执行能力还有策划能力的黄皓,用他独特的人格魅力吸引着他们,并且该项目正如一座还未开垦的金矿,只要开发和挖掘,还怕得不到收获吗?所以,即使是经历过大风大浪的70后、80后,也愿意为自己的前途放手一搏。就是这样多样化的年龄

创始团队与天使投资人徐小平(左三)合影

组成,使得他们的团队更加优秀。奇思妙想、敢想敢为的90后,让项目更具创意,更能赶上时代潮流,也更贴近海外留学生的思想。而经验丰富的70后和80后,让团队更加稳重,项目更加切合实际。这样,整个团队运作起来,就变得充满活力却又不失沉稳。

创业初期,
他走过了那段最难忘的日子

"西游技"项目,主要是为了解决大学生海外租房难的问题,而他又是怎么解决这一问题的呢?——那就是带着团队,自己干。海外的中介当然不会亲自去找他的团队,也不会为了和他们谈生意而熬夜协调双方在时差上的矛盾,所以,他们就只能一个个主动去找海外的中介。他说:"那段日子,我们三个人待在一个小房间里,为了消除那整整12个小时的时差,每天都要熬夜到四五点,去找海外的中介谈生意、签合同。由于我们交流上有一定的障碍,所以在合同方面,我们要不断地翻译、修改,每天都非常累。而这样的日子,我们整整持续了一个月。"是的,创业的初期永远都是艰苦,但既然选择了创业,那就必定要风雨兼程。

平台初创时,由团队中的美国留学生联系当地正规中介提供房源。而平台为需要租房的留学生提供房屋安全等级、犯罪率以及租房者中黑人和白人的比例等,希望以此解决信息不对等问题。

受挫之后,
创新工作方式、精准定位切入点提高效率

创业初期,平台的经营状况很不理想,黄皓再次陷入沉思,到底是什么

造成了这一情况。经过团队的几次会议和反复思考讨论，他们认为最大的可能是效率问题。"西游技"平台与传统中介相比，没有优势，效率不高，从用户注册到最后敲定，需要大概两周。平台上，用户如果想了解房源相关信息，要先向后台反映，然后由后台人员与美国中介联系，这样在时间上就会拖延很久才能处理好租房相关事务，最终导致效率低下。反复斟酌之后，黄皓认为提高效率的办法应该是，让用户眼见为实，飞到国外去亲眼看看房子情况。说起来容易，做起来难。黄皓寻思着：怎样才能缩短时间提高效率呢？

恰巧，共享经济和网红经济正火，这给了团队灵感：可以尝试以共享的形式，与美国高校的留学生学长学姐合作，砍掉平台和中介等环节，从而提高信息流通效率。也即请学长学姐为有租房需要的留学生提供租房信息，并提供直播看房服务，以省去平台反馈和美国中介部分消耗的时间。"西游技"平台还给这些留学生学长学姐起了个可爱的称号——"西柚"，"西柚"从服务费中获取抽成。

在"西柚"们的帮助下，效率有了明显提高。平台与5位"西柚"达成合作当月，成交20多单，月流水过百万，平均一套流程下来只需一周。这让平台的运营状况有了改善。黄皓计划以租房为基础，逐步拓展留学金融领域，提供贷款、分期、保险等金融服务，最终发展成海外留学综合服务平台。为了防止出现跳单的情况，平台让"西柚"抽取服务费中的大头。同时，用户可评价"西柚"的服务，评分与抽成占比挂钩。除此之外，平台也会围绕租房提供家具租赁、水电开户、住房保险代办、接机等增值服务。

他将用户细分为"出国前留学生""出国后留学生""华人"这三类，以便更好地开发用户价值。在他的平台上，第一类用户可以向第二类和第三类用户获取海外租房、购物等信息；第二类用户，由于海外留学还不能打工的，可以作为顾问来实现自己的价值；第三类用户由于有较多的海外生活经验，他们提供的信息更有利于第一类用户适应海外的生活。这样，不仅客户和公司之间产生了利益关系，客户与客户之间，也产生了利益关系和联系，使得整个项目的运行更加紧凑连贯。

黄皓的第一次创业,就是从2015年12月正式建立"西游技"WestU海外留学租房服务平台开始。以他们开展的第一次微信线上讲座与在校同学分享留美租房感受为基础,2016年上半年"西游技"WestU官网上线。在"西游技"留学租房直播正式开启后,同时也发挥映客在美国学生中的影响。可观的是当年4月份关注量即达到40 000+。之后又建立了30 000+的留学社群,覆盖各个大学以及不同兴趣的人群。2016年7月,"西游技"获得300万元个人天使投资人投资支持。2016年9月,"西游技"平台与日本大型房地产集团Housecom达成房源独家合作,拓展至日本市场。截至2016年12月,平台流水103.98万元,净利润40.7%。截至2017年3月,流水432.67万元,净利润22.3%。2017年3月,开始拓展留学项目,与上海新东方前途出国、顺顺留学、金吉列留学、天道留学、世为教育等留学机构达成战略合作,开启美国入学行前指导,每场人数爆满。同月,公司出售给日本房地产集团Housecom。

黄皓与天使投资人徐小平(右)合影

再出发，
创立上海思谋文化传播有限公司

有了一次创业经历之后，黄皓对创业有了一些自己的见解。自2017年3月公司出售给日本房地产集团Housecom后，经过近两个月的沉淀，黄皓创立了上海思谋文化传播有限公司。2017年5月，完成与上海市教委高校后勤的合作洽谈，取得上海所有高校餐厅与宿舍媒体广告位资源，成为高校后勤官方合作伙伴。同时，与上海新东方前途出国全面合作，成为其2017高校行上海唯一合作方；2017年6月，与湖南卫视芒果娱乐合作，成为2017芒果娱乐酷狗音超联赛华东赛区执行方；2017年7月，与蓝色未来传媒有限公司达成合作，成为荣耀9抖音校园歌手大赛上海地区执行方；2017年8月，与金吉列出国留学服务有限公司华东分公司正式合作，成为其上海地区高校推广唯一合作单位；2017年9月，与浙江欧诗漫集团合作，为其打造松江大学城美白季大型路演活动；2017年10月，与世为教育正式合作，成为其上海地区高校推广唯一合作单位；2017年11月，成为浦东缉毒大队中致服务社合作伙伴，为其进行全方位媒体方案设计制作与落地执行；2017年12月，与上海市委宣传部、文化部、国家对外文化贸易基地（上海）国际高科技文化装备产业基地（TCDIC）合作，成为2018 NAB Show Shanghai上海国际电影电视节国际影视市场跨媒体技术展上海高校推广的合作单位；2018年3—6月，成为徐汇区人力资源与社会保障局合作伙伴，共同筹办由"学联传媒"独家策划并首创的针对大学生群体的大型商业赛事——"未来CEO·2018上海市大学生商业模拟挑战赛"；2018年9月，与上海地铁"Metro大都会"合作，开启开学季校园公益推广，为来沪新生送福利。

对创业新人们，黄皓有话要说

第一次创业虽谈不上多么成功，但也让黄皓受益良多。其一，在开发"西游技"这一平台时，黄皓了解了海外房源的情况，就留学生的痛点问题做出思考，并且学习到了房产租赁领域的知识，同时，也对创业实践有了新的感悟。他认为一个企业，最重要的是"人"，根据艾迪思企业生命周期，一个企业的发展从出生期、成长期到衰败期分为很多阶段。但在任何阶段，最重要的始终是"人"。阿里有一句形容人力资源管理的经典语句："流动的人心，不变的人性。"所以说人力资源是CEO的第一工程，企业每个阶段所需要人才的侧重点是不同的，要从业务战略出发，考虑企业的HR战略和财务战略，考虑公司的业务类型、公司基因以及不同人员的层级。而对于创业阶段的公司来说，黄皓认为最需要的是既具备战略格局又能落地干活的人才，也就是合伙人。

在采访黄皓关于"西游技"项目的创业感悟时，他这样说："在创业的时候，我每天都在思考，用户的核心诉求是什么？海量的房源库、低廉的价格，还是一站式服务体验？我当时认为每一点都非常重要，于是我不断调整产品功能，增加华丽的交互体验，同时又投入大量的精力去拓展全美国的房源（后来一度非常后悔没有聚焦一个地区去做），接入各种各样的增值服务。其实海量的房源库、低廉的价格、优秀的产品体验、一站式服务，这其中任何一样都需要花费相当大的精力，殊不知初创公司更加需要循序渐进，思考清楚最核心的问题是什么。从0到1，需要精益求精地创业，而不是什么都做。不够聚焦、精力分散，是最大的败笔。现在再进行复盘，其实是思考不到位、不深入，没有想清楚用户到底要什么。这给我敲响了警钟，以后做任何决策前，必须要进行深度的思考。"

结合第一次创业的经历，黄皓提出了他的创业建议：第一，作为创业者，遇到任何问题，都要学会独立思考。一些看似很复杂的问题，其实考虑清楚核心的一点是什么,就能将问题化繁为简。而如何抓住问题的核心、把握脉络,拥有看透事物本质的能力,就需要不断地学习、思考和实践。第二,一个好的团队最应该分工明确,分工明确不仅仅是说每个人做好自己职责之内的事情就好了,而是共同建设,互相帮助,使得每个人的那一部分都做得更好。对于初创团队而言,由于刚开始创业,规模不大,所以并不是说做设计的就只需要管好自己的设计,他可能还需要参与策划、制作、运营……总之,团队里的每一位成员什么都要做,而且要从头做到尾。第三,对于团队的项目,应该找到一个很好的切入点,任何一个项目,都需要一个非常不错的切入点,然后根据切入点,展开自己的项目。在这个过程中,团队里面的每个成员都要相互理解,不要有矛盾。在项目的某一个点上,成员之间可以有不同的意见,可以有争论和探讨,但是不能影响成员与成员之间的关系和团队凝聚力。而对于一个团队的负责人来说,既要有严厉的态度,又要有亲和力,适度严厉的态度有利于任务的执行,良好的亲和力有利于团队的团结。第四,对于创业既要有绝对的信心,也要做好失败的心理准备。一旦团队出现了失败,在重新起步的时候,是继续完成上次创业未完成的梦想,还是另起炉灶,要看团队大部分人的意愿。对于看好的事情,就要继续做下去,因为对于一个创新创业项目,最重要的就是坚持。

筑梦创业路　感恩创业情

赵　政　吉林磐石人。上海玖育信息科技有限公司创始人。上海工程技术大学材料工程学院材料成型及控制工程专业毕业。

"大众创业、万众创新"不是一句口号,而是早已经"春风化雨",以各种实实在在的行动,浇灌滋润着每一位有着创业激情的年轻人。在上海工程技术大学材料工程学院,有着这样一位优秀的毕业生,他选择了勇敢创业的道路,他叫赵政。2016年4月21日,上海玖育信息科技有限公司正式在上海松江注册成立,赵政任公司总经理。他在创业初期常说一句话,做企业就是做责任、做创新。这句话鼓励和支撑着他在创业道路上坚定不移的信心与决心。

大学期间,赵政品学兼优,热衷参加学校各种活动。大一时就先后担任过学院年级长、学生会干部及班长,并且获得了优秀学生干部奖、校园十大歌手等荣誉。学生干部和学生会的经历,充分锻炼了赵政的组织能力和协调能力。但那时的他并有没有创业的意向,直到大二,学校组织的一次创新创业大赛,让他正式开始接触创业。虽然是一次校级的赛事,但是参加的同学很多,竞争很激烈。这对于丝毫没有经商概念的"创业小白"赵政来说,有着不小的挑战。但这反而激发了他的斗志。"那时,我没有任何的经验,也没有老师指导,我意识到只有鼓起勇气,全身心地投入才会有好的结果。"赵政回忆道。

勇立浦江潮 "创"梦新时代
——上海高校毕业生创业典型人物集

赵政项目路演答辩

于是他用半个月的时间,选择项目,梳理思路和解决方案等一系列问题,做出了一份并不是很完美但思路明确的商业计划书《微信与美发行业的创新性结合》。计划书完成之后,他开始搭建自己的团队。凭借赵政超强的人格魅力和优秀的领导力,四人的小团队在两天时间内就组建完毕。赵政说,他找合伙人的过程中,两天总共讲过27次项目计划,每次15分钟。他笑着说,那时整个计划书几乎一字不落地印在脑中。初创团队搭建完成后,他们将项目运营方案、团队组织架构、人员分工都安排妥善,开始进行项目路演环节。最后,经过这次创业比赛,他们收获了成功,收获了经验,同时也收获了校方的项目启动资金的扶持。在这个赛事中,赵政深刻体会到创业的不易,但同时也让他感受到创业过程中的成就感。他也喜欢上了创业的氛围,喜欢上这个团队,喜欢大家为了一件事情忙到忘记吃饭、忘记喝水,甚至通宵达旦的激情澎湃的状态。这为之后赵政创办第一家公司奠定了良好的基础。

在参加完创新创业大赛之后,赵政觉得创业充满了无限的可能,自己要脚

赵政在学校创新创业活动期间获得的奖项

踏实地地走下去。于是还是同一批人,在同一个场地开始了他们第一次的创业之旅。赵政与其他三位合伙人创办的上海玖育信息科技有限公司,是一家集课程代理、技术服务于一体的第三方服务公司。赵政与其他三位合伙人创办这家公司的初衷是希望立足松江大学城,成为大学生们的"理财师",使学生花费在课外培训的每一分钱都用在刀刃上,让他们花更少的钱学习更多的知识。

公司创办初期,为了开拓市场,赵政带领团队,攻坚克难,想尽一切办法,发传单、发名片、做广告宣传片等方式多管齐下。"我们上门谈合作,但人家一看我们都是学生,扭头就走。好在我们都很有毅力和决心,一次见面不行就两次,两次不行就三次,一次次的,精诚所至,金石为开,最终,对方被我们的诚意打动了。"正是依靠这一股闯劲,公司在不到六个月的时间里与27家培训机构签署了合作协议。在这个过程中,团队不断壮大,由4人扩大到27人。这是一个具有朝气的团队,平均年龄只有24岁,本科及研究生学历10人。目前,公司主营业务为技术开发、技术支持、技术培训、销售及技术外包等。上海合作培训企业40家,杭州合作培训企业50家。另外,公司还和上海大学、上海理工大学、上海师范大学、上海政法学院等多所院校达成了合作关系。赵政也成功赚取了创业路上的第一桶金。2018年,公司销售成熟培训产品每个月约900件,每个月销售收入约14万元。

2018年初,赵正决定将公司转型为产业地产咨询公司。不得不说这是一个骇人之举,从教育行业跨入产业地产咨询行业,这是一次存在高风险的转型,如果失败,公司可能就此解体。赵政有自己的想法:转行是必然之举,教育培训行业是朝阳行业,但是当前中国的教育行业寡头很多,留给小公司的市场过于狭小。互联网行业大佬纷纷加入其中,市场必然会由零散化变成集中化,要想从中得到一块蛋糕难上加难。他还说:"大学生创业在没有充足的资金支持下,烧钱的行业会很难走。公司要想活着,就必须选择一条轻资产运营的道路,毕竟现金流是重中之重。"

由于初创团队对产业地产的运营模式认识有限,工作经验不够充分,赵政从公司的层面考虑,毅然决定让出总经理一职。他挑选出团队中对产业地产最有经验的伙伴来担任这一职务,他的这一举动无疑是胸怀大局的体现。

创业至今,经历过很多的挫折,也体验过很多有成就的时刻。赵政觉得创业既是一种挑战又是一种机遇,面对挑战只有不断前进、不断摸索,才能迎来新的机遇。在新公司成立的过程中,团队遇到很多困难也遇到很多机会,这也是企业在发展壮大过程中必须经历的。在这个过程中,团队的每个人都在成

赵政的办公室

长,每个人也都在付出,正是在最困难的时候大家没有放弃,一直坚持才能创造成绩。赵政说:"在这个竞争激烈的社会环境下,行业是基础,业绩是未来,一个公司的大致走向如何,通过它所涉及的行业大致可以判断出来。互联网的快速发展,科技、人工智能、产业新城、智能制造、新材料等高新技术企业才是今后世界的独角兽,只有这样的企业才能屹立不倒。核心技术是块硬骨头,必须亲自去啃它,才知道味道如何。很多有抱负的年轻人都希望通过自己创业,获得人生事业的成功,但是创业成功者毕竟是少数,每年新创办的企业中,至少有50%在半年之内倒闭,倒闭的主要原因是没有把握创业的基本法则。"

赵政常想,假如创业之初就能多学习一些前人创业的成功经验,他也许会有比今天更大的收获。所以,他很乐意分享他的经验。他根据自己的经历,总结了一些针对创业的建议,希望能够对初创大学生们提供帮助。

第一,创业要有足够的资源。一般来说,要符合两种条件:一方面要有进入一个行业的起码的资源;另一方面是具备差异性资源。如果任何条件均不具备,创业成功的可能性很小。

第二,创业前要慎思。创业前要认真思考、反复评估、考虑成熟再行动。除了要有足够的资源准备外,心理准备最重要。很多创业者的失败,都是与创业前心理准备不够有关,匆匆忙忙进行创业,最后难免败得一塌糊涂。假如准备不足,条件不具备,晚一点创业也不迟。

第三,先有业务再创业。创业者在创业之前,一定要有明确的创业方向,再决定创业。假如选择了某一个行业,创业前一定要积累一些该行业的经验,收集相关的资讯。如果有可能,可以先考虑进入该行业为别人打工,通过打工的经历来积累经验与资源。这样"学费"自然由别的老板给你付了,也就用不着拿自己创业的时间来交学费了。行业知识、客户资源渠道、赢利模式都有了,再创业,成功就指日可待了。

第四,经营能力最重要。经营赚钱的能力是最重要的,只要有非常出色的经营能力,自然会找到投资者,很多投资家天天都在找好项目投资。

第五,内部创业更容易。从企业内部创业,有很多有利条件:雄厚资本实

勇立浦江潮 "创"梦新时代
——上海高校毕业生创业典型人物集

力的支持、管理的指导、综合资源的共享、业务资源的利用、品牌形象借助等，如果创业公司的业务与母体公司的业务有延续性或关联性，创起业来更容易成功。

赵政始终铭记着这样一个引人深思的故事：狼为了寻求自由，拥有独立人格，可以自由思想，宁愿天天奔跑在大草原上，肆意地猎杀牛羊，尽可能地享受大自然提供的一切美味，吃饱后就躺在草地上，什么都不想，享受温暖的阳光和自由的空气。它们是草原的主宰，它们有的是尊严。不过当严寒来临时，它们必须学会忍受暴风雪的寒冷，学会在厚厚的雪堆下面寻找猎物，时常忍受饥饿的痛苦，随时担心自己冻饿而死。狼的生活可谓一半是海水，一半是火焰。家犬的生活恰恰相反，没有自由，没有尊严，只有摇尾乞怜，为了稳定的饭碗，为了自己有一份固定的口粮，一切都认了。如果把这个故事放到现实生活中，赵政说他更愿意做一匹狼，虽然日子凶险，却充满了挑战，需要拿出破釜沉舟的勇气和极大的努力，才有可能称霸一方。

对于准备创业的各位朋友，赵政送上美好的寄语：因为年轻，所以永恒。布莱克曾经说过："一颗沙里出一个世界，一朵花里出一个天堂，当把无限放在你的手掌，永恒在那一刹那珍藏。"再小的事物也可以拥有无限种可能。当你还在为上一次失败的经历而感到痛苦时，不妨想想未来吧，在你的新征程上，还有许多未知的东西在等着你。你的路在你的脚下，握好手上的方向盘，掌好自己的方向，驶向创业之路，这时你会发现路是越走越宽的，沿途的风景会散落成一片片花瓣，此刻，置身其中，它将拥你入怀，让你做一个关于成功的梦！赵政动情地说道："创业的历程如一朵花，像一条河。花总有枯萎、凋零的时候，但它却鲜艳地绽放过；河水总有流到尽头的时候，但它一路弯弯曲曲，时而平缓，时而湍急，其实早已奏响了自己的主旋律。创业的这条道路纵然会有低谷，但也有高潮，关键就在于在面对低谷的时候你选择怎样的态度，不能抱着自我的理想筋疲力尽，而要竭尽全力向前飞奔狂跑！"

追求梦想　独立远航

郑　一　山东济南人。上海跃澄文化传媒有限公司CEO。2014年毕业于上海对外经贸大学工商管理学院。在校期间学习成绩优异,积极投身创业实践,先后荣获全球创业"雏鹰奖"、"杨浦创业之星"优胜奖、第十届松江大学园区创业大赛二等奖、第三届中国"互联网+"大学生创新创业大赛二等奖、长宁区专业技术拔尖人才奖等殊荣。

"我喜欢海贼王,喜欢那样傻却幸福的草帽海盗团,那是我心目中最棒的创业团队。而我们也就是这样的一个团队,一群天生的创业者。世界上有很多风险规避者,他们精打细算利弊得失,然后才决定是否加入一家创业公司。除了考虑股票期权,还要考虑工资以及公司估值。他们可能是很棒的工程师、设计师、营销人员或高管,但他们不是创业者。我们认为创业最重要的不是项目也不是资金,而是人。一个稳定的、在关键时刻顶住的团队是成功的关键。我们坚信,世界上只有一种失败——半途而废。"

这是一篇颇具感染力的文字,用最通俗易懂的文字讲述的却是一个很有感染力的故事,它出自一个90后之手。今天让我们一起来认识这个对创业执着,对团队热爱,对生活充满激情的年轻创业者——郑一。

郑一,这个名字简洁却不简单,他从小就是一个自由自在的孩子,长大后

郑 一

则是个不愿被现实枷锁桎梏的少年,从大学开始就马不停蹄地创业,在他的身上有一种超越年龄的成熟。

1990年5月18日,郑一出生在辽阔的齐鲁大地。自古就有不少文人骚客沉醉于山东的名山大湖之间,至于"三面荷花四面柳,一城山色半城湖"这类描绘济南的诗句更是不胜枚举。俗话说,一方水土养一方人,郑一的身上既融入了山东名山的刚毅,又糅杂了大明湖细水长流的坚持。

2010年,郑一考入上海对外贸易学院(现上海对外经贸大学),褪去懵懂后的他,至此也开启了一条创业之路。

创业历程——
跳出舒适区,迈出创业第一步

在郑一幼年时,他的父亲就去北京创业。那个年代的大人,受计划经济影响,乐于在一个固定的岗位日复一日地工作,过着平淡却稳定的生活。可是郑一的父亲却不走寻常路,大胆跳出自己的舒适圈。这一举动也深深影响了幼时的郑一,他把父亲树立为心中的偶像,冥冥之中也预示着20多年后的郑一会和他的父亲一样。

"家庭氛围所致,我一直觉得自己会去创业,从未想过找一份安稳的工作度过一生。"郑一说。他并没有依靠父母过衣食无忧的生活,相反,他跟随父亲前行的脚步,走了一条布满荆棘的道路。

一个一无所有的毛头小伙子边读书边创业是很艰辛的,可是即使这样郑一仍丝毫没有放松自己的学习。他并不是一个木讷的"书呆子",德智体全面发展的他合理规划自己学习、创业的时间,在校期间他获得了"优秀团干部""百优社会工作标兵"等诸多殊荣,忙里偷闲的他还组建了学校网球社团并担任社长。郑一说,他的大学生活过得充实而紧张,每分每秒对他来说都十分重要。课业繁忙、创业艰难,但是如果你看到当时的他,定能从他的眼神里读出对生活的热爱和对创业的执着,相信他一定能"有志者事竟成"。

当同龄人在宿舍打游戏的时候,他正冒着大雨,只为找到《环球时报》的办事处,拿到松江大学城英语报纸的总代理。当舍友忙着谈恋爱的时候,他正扛着沉重的器材,手被勒出血痕,为可口可乐公司在校园内承办展会。在同学们为毕业发愁的时候,他不单修完了本科两个专业的学分,更摇身一变成为上海前三的校园广告公司老板,给自己的学习生涯交了一份满意的答卷。

随着手上资源的逐渐积累和经验的日益沉淀,郑一放眼整个大学生兼职市场后发现目前市场整体呈现混乱无序的状况,很多市场痛点也亟待解决:第三方平台招聘信息真实性难以保证;中介机构层层抽利,出现诚信危机;大学生兼职过程中存在安全隐患,自身维权意识薄弱。往往市场的混沌是一把"双刃剑",在发现问题的同时也存在着巨大的商业价值。郑一分析,企业人力成本的增加,低经验、低技能要求的服务行业用工方式必然会向兼职化、小时工化转移。与此同时,逐渐成长起来的年轻人将会是用工市场上的主力军,而这一群人有一个区别于70后、80后的明显特点——不希望被一份全职工作禁锢住自己的人生。

"新一代的年轻人希望获得更灵活的空余时间,所以中国的自由工作者时代一定会来临,而餐饮这样的服务业会是撬动社会变革的支点。"郑一大胆地构想,如果能在"痛点明显、机会巨大"的大学生兼市场中建立一个第三方平台,协助B端客户高效招人,完成碎片化的用工需求,帮助C端以大学生为主的用户建立对兼职市场的信任,让投机倒把的黑中介暴露在阳光下,那么很多问题不就可以迎刃而解吗?

勇立浦江潮 "创"梦新时代
——上海高校毕业生创业典型人物集

郑一团队

这时的他表现出一个具有成功潜质的创业者的大胆、自信和干劲。他破天荒地找到自己当时校园业务的竞争对手潘鹏团队,提出"求同存异,共谋发展"的合作意向。经过数月的撮合与磨合,2015年4月1日,一家专注打造服务业兼职招聘平台的公司——"独立日"成立。平台以大学生兼职为切入口,链接餐饮、零售、娱乐行业B端企业兼职人才招聘需求,做企业云端的人力资源部。正如表现捍卫地球和平的美国影片《独立日》一样,郑一和他团队的小伙伴,正用自己的努力来捍卫大学生兼职市场。

创业历程——
横扫"外星人入侵",捍卫兼职市场

团队建立初期,资金和人才都还没有匹配齐全。生活上,郑一和他的团队为了节省开支，九人租一套三室一厅，狭小的环境拥挤不堪。工作上，他们经历着疯狂的727工作模式，即早上七点开始工作，晚上两三点钟才休息，一周工作七天。这种铁人都不一定能抗住的工作模式，他们却乐在其中，丝毫没有怨言，精神追求给他们的满足感早已使他们忘记了身体上的疲惫，也早已冲淡了现实带来的攻苦茹酸。现在回忆起来，郑一还清楚记得团队成员在深夜里绞尽脑汁、拼尽全力解决问题，抬眼互视，默契地会心一笑，那种为了同一个目标拼命往前跑的感觉。他们是如此有活力，且勇往直前。"海贼王"的团队精神让他们能更好地释放创业所带来的激情，他们不会顾往兴叹，只对未来自信满满。

随着业务的不断扩大，独立日在专注用工市场的同时，也对自己的产品尽力做到精益求精。目前，独立日平台C端用户数在500万左右，B端用户数在10余万，与独立日平台展开深度合作的知名大型品牌中不乏优衣库、麦当劳等零售业巨头。

服务业的客户有一个明显的特征，即客流量的上下波动会导致部分全职的雇员在工作时间出现闲置，这一部分的无形成本又会直接影响到企业的盈利率。餐饮、零售行业客户的两大成本即房租和人力成本，在产品定价没有太多上涨空间的情况下，房租又降无可降，为了更好地发展，便只能在人力上进行优化了。独立日平台基于企业各种偏好维度，对兼职用户和企业岗位进行深度数据获取，通过算法帮助企业灵活匹配最合适的兼职人员，降低企业用工成本。每一次的数据沉淀都可以减少被浪费的接触成本，解决雇佣双方因信息不对称而导致的不合适匹配。

企业端，企业通过详细的职位描述，发布招聘需求信息，例如：明确填写发布机构、职位要求、工作时间、工作地址、工作内容及注意事项等信息，准确、全面的信息公示，可以帮助企业在一定程度上提高员工工作的稳定性，同时招聘效率也可以得到提高。

求职者端，求职者通过浏览兼职详情页，可以将心仪的工作加入收藏或直接在线投递简历，也可在App上与企业招聘负责人线上沟通，最后获取合适的兼职工作,让B端企业与C端用户直接对接,也可以进一步增强双方对平台的黏性。此外,在认证后的独立日App上,求职者可通过个人中心界面管理工作及工资情况。

值得一提的是,独立日为每个项目匹配督导管理,优化服务质量。系统经过简历初筛和根据招聘人员到岗面试情况,获取优秀兼职人员,经过全职督导培训后,兼职人员便可逐渐提升星级,单独负责项目管理,这进一步促进了独立日对企业蓄水池和C端用户蓄水池的规范和可持续化管理。

另外,兼职招聘平台用户最关心的问题无外乎如何保证招聘信息真实可靠,以及如何过滤虚假信息的问题。对此,独立日也有自己的一套"组合拳"。企业入驻平台时,独立日有专业的审核团队对企业信息进行审核,审查公司营业执照,查看该企业是否存在不良记录,有无"黑历史",即以往有学生上当的情况,一旦发现,平台会对其进行屏蔽关键词、设置黑名单等惩罚。平台用户享有投诉权利的同时,独立日还会承担损失赔付,将用户的损失降到最低。用流程将支付闭环打通,这是一个居于流量和业务之间的漂亮打法。

通过以上一系列措施,独立日确保了平台上发布信息的确切性,也创造了良性健康的用工环境和模式。

企业现状——
独立之日,亦是幸福之时

独立日现有员工约130人,在团队人员构成上,独立日集聚了一群年轻有为的共事伙伴。创始人兼CEO郑一、COO潘鹏都是大学就开始的连续创业者,深耕校园,在服务企业与校园领域有着辉煌的创业成绩;CTO康操负责核心算法技术,博士学位,毕业于美国克拉克大学,在大数据领域有着精湛的技术本领。依托强大的团队构成加上Recruit公司在企业服务、HR领域及销售上的资源优势,独立日获得持续发展。

在未来发展规划的问题上，郑一曾介绍说："独立日现在的核心在于精准地匹配，快速地链接最合适的兼职用户和工作。为更多不想被全职工作束缚的年轻人，匹配弹性用工时间，最大化实现个人价值。为更多的追梦人提供一种方便快捷的新工作形态，让自由支配时间的幸福生活成为可能。"在地域布局方面，郑一也有自己的深谋远虑，即以上海作为核心样板点，完善独立日平台的打造，全面覆盖江浙沪地区，未来的一到两年内，将精雕细琢的成熟模式快速复刻至二、三线城市。

创业感悟——
学习+坚守+团队

先暂且放下对独立日的研究挖掘，反观郑一，你一定会被他身上透露出的那种运筹帷幄的自信所吸引。这是一代常被世人贴上任性、自我标签的90后，但就在他们中早已涌现出一大批优秀的创业者，其中的郑一又有什么样可以为我们津津乐道的成功特质呢？

一是超强的学习能力。善于观察的郑一像一块求知若渴的海绵，对于身边比他优秀的人，他常常会虚心求教，"去其糟粕，取其精华"，将对方的优点变成使自己更强大的武器。工作之余的郑一常会捧着书看到废寝忘食，古人常说："书中自有千钟粟，书中自有黄金屋。"郑一并不看重物质上的富足，书籍给他带来的是精神上的充实。通过阅读稻盛和夫等管理大师的著作，他了解到管理的重要性，通过科学和可持续管理的方法，企业会走得更稳更远；通过学习日益改变人们生活的互联网思维的相关著作，他了解到互联网行业方兴未艾，智能化的未来正在逐渐靠近，人们可以做得更多；通过学习自我提升的书籍，他更加严于律己，宽以待人，自身散发出的人格魅力使他吸引了更多优秀的人才一起并肩作战。

二是坚守自己认定的事。创业的道路上，郑一坚守自己的价值观，坚持做自己认定的事,这不仅是一种难能可贵的精神,更是一种令人佩服的情怀。在前行之路迷茫的时候,未来如何,没有人知道,一条道走到底更是需要莫大的勇气!这种外人看着不可思议的阿甘精神使郑一的人生之路越走越宽,使独立日的发展越跑越稳健。"自己认定的路,跪着也要走完。"这是郑一和他的团队常说的一句话。在郑一的带领下,这支充满活力的队伍有着执着的信念和刚强的意志力,也正是有这样一群"傻瓜"般的年轻人,我们的世界才会更加丰富多彩。

三是注重团队文化建设。众所周知,独立日的文化受到了日本动漫海贼王文化的深刻影响,漫画中的每一个船员都有自己的特长,与船长路飞一起为了同一个目标而努力。在独立日,每个小伙伴都发挥自己的优势合成牢不可破的团队去作战,在他们看来,一个人的成功不值得被推崇,一群人共同努力所获得的成功才算是真正意义上的成功。所以对内,郑一永远将团队、员工的利益放在首位,将自己排在最后,不计较个人物质上的得失。员工于他来说并不是简单冷血的雇佣关系,而是和他一起褪去青涩的兄弟、一起并肩作战的战友。团队中无论谁遇到困难,内心细腻的郑一总会比谁都着急,会竭尽全力帮助伙伴渡过难关。郑一会时常找大家聊天,交流看似轻松惬意,天马行空,其实郑一早就做足了功课,他会暗暗记下每个人的诉求,努力完善伙伴的成长架构搭建,提升福利以提高大家的幸福指数。

对初创者的寄语——
创业平凡之路,其实并不平凡

什么是成功?在不同人的眼中有着不同的定义和理解,就像莎士比亚著作中的哈姆雷特一样,一千个读者就有一千个哈姆雷特。

在即将步入三十而立的年纪,郑一似乎对成功并不渴望,换句话说,他一直飞快地奔跑在创业、在让独立日更好发展的路上,成功就像是一根杵在路边的电线桩,"呼"的就从他的身边掠过了。对他来说,成功并不重要,重要的是享受这奔跑的过程。即便过程中经历了摔倒的痛苦、陷入泥潭后的挣扎,对于郑一,这都是一段美妙的人生旅程。

"在我创业被越来越多人知晓的道路上,一直都会有很多人问我这样一个问题:什么样的人适合创业?其实在我的认知中,一直觉得这种说法有些奇怪。首先,人是可以改变自己的嘛。你真的想创业,就到一个环境里面去,随着环境去改变,把自己改变成适合那个状态的人。没有什么适不适合,只有你愿不愿意,你想不想。你如果真的很想,不创业不行,那你就去创业,就是这么简单。"这就是郑一,活得洒脱,活得执着。

自然与童趣的守护者

屠跃邺 上海人。上海恋语文化传播有限公司创始人。2008年就读于上海师范大学生命与环境科学学院生物科学(师范类)专业。同年11月积极响应祖国号召入伍。2010年5月1日,光荣地加入了中国共产党。2010学年第二学期,重返学校继续未完的学业。本科毕业后,考取上海师范大学研究生。2017年,创办上海恋语文化传播有限公司(恋野物语自然探索工作室),致力于青少年科普教育及生态保护理念的推广。

虫鸣鸟叫,红花绿叶,不知你有没有发现,这些自然的精灵已经离开我们的生活很久了。近年来,随着城市化进程的加快,年轻的一代人与自然的联系愈发淡薄,自幼与电子产品、兴趣班、作业为伍的他们,很难与自然建立深厚的感情。恋野物语自然探索工作室本着"对知识负责,说孩子们听得懂的自然"的追求应运而生,为孩子们弥补这份情感上的缺憾,也为这个飞速发展的社会承担一份沉甸甸的责任。"我不想带自己的女儿在周末盲目地参加各种培训班。更多的时间,我会带她走进大自然。在她该休息的时候,带她一起感受世界的美好,让她可以对这个世界保有一份探索未知的兴趣和勇敢,成为自己成长进步的动力源泉。"屠跃邺如是说。

五彩缤纷的童年

1990年，屠跃邺出生于上海奉贤。与许多城市中长大的小朋友不同，他的童年没有补习班，也没有琴棋书画，农村出身的他自小便有着得天独厚的资源：春光染，他爬树捉虫，看独角仙和扁锹甲斗殴究竟谁更胜一筹；夏日长，他摸鱼摘果，听夏蝉不眠不休地聒噪；秋风起，他追逐田野，帮家里人把一堆堆金黄的稻谷搬进谷仓；冬雪扬，他灶头烧火，顺便煨几个香甜的红薯。自幼与自然的相处，让他对"生物"这门学科产生了浓厚的兴趣，不论是威武的独角仙、扁锹甲，还是聒噪的蟋蟀、知了，都是他走上"自然教育"这条道路极好的启蒙老师。

谈起这段幼年时光，他说："童年不能缺少自然，城市生活方便而快捷，但自然生活是对城市生活的锦上添花。自然是孩子们最有趣的玩伴，也是最渊博的启蒙老师；自然可以帮助孩子们更好地认知世界，帮助孩子们建立与世界的联系，帮助孩子们塑造正确的三观，也能帮助孩子们守护内心的宁静角落，让他们更好地去应付城市生活中的浮躁。"五彩缤纷的童年成为他日后创业的财富和动力。

2008年，屠跃邺像千千万万平凡的学子一样经历高考一役，然后进入了上海师范大学师范专业。进入大学初期，他经历了一段时间的迷茫，因为在他心中教师职业并不适合自己。但他从来不是一个愿意妥协的人，所谓"山不来找我，我便去山的面前"。虽然专业没有办法改变，但可以改变自己。在对自我有了清醒的认知以后，他给自己确定了一个清楚的目标，并开始用行动改变自己：去学习第二专业、积极参加学校的各类活动、积极竞选班委，他试图从一点一滴的努力中超越之前懵懂的自己，超越之前平凡的自己。

部队峥嵘岁月

不满 18 岁的屠跃邺在 2008 年接近尾声的时候，迎来了人生中的一次转折点——入伍。那时的他，在积极的努力下，第一次担任班长，整日在班委、团委各种繁杂的事务中东奔西跑。老师关爱他，同学喜爱他，正年少轻狂、春风得意的他为什么会突然选择入伍？

他说："我希望自己能够变得更好。"

于是，那个秋天，他从上海师范大学第三教学楼的门口走出来，在秋夜有些凉意的微风里，给父母打了电话："我要去当兵，我已经报名了。"

很快，身为大学生新兵的他戴着大红花，在父母的泪光、同学的不舍、老师的叮嘱下开赴驻地——内蒙古科尔沁。新兵连的时光总是最难熬的，不论是苛刻的内务整理，还是严苛的队列训练、体能训练，都让他吃尽苦头。

草原的冬天格外寒冷，零下 27 ℃ 的严寒里，在班长的指挥口令下不断地重复机械式的训练动作……汗水浸透了他的棉袄，棉袄却坚硬如铁，寒冷如冰。

入伍的选择不可谓不艰难，但这始终是自己的选择，只要决定了做一件事情，就不应轻言放弃。痛苦是一种经历，有时候也是一笔难得的财富。在部队的两年里，他学到了很多为人处世的经验，为他之后的创业之路打下了重要基础；两年艰苦的训练，也让他养成了自省自律的好习惯，让他

屠跃邺军装照

的性格变得更加果敢坚毅,让他从一个18岁的少年逐渐成长为一名有担当的钢铁战士。

命运总会格外眷顾那些有心且努力的人,在部队的第一年,他获得了"优秀士兵"的荣誉;在部队的第二年,他光荣地加入了中国共产党。面对这些曾经获得的荣誉,他说:"都说部队是个大熔炉,那是因为在部队你会无法避免地要跟各种各样的人打交道,就是为了磨炼自己,跟这些人打交道的过程对我来说反而是一种成长。至于荣誉,不是我的目的,来部队的功利心不能太重,摆正自己的心态很重要。荣誉的存在很有价值,但它只是对做事的认可,不应该成为做事的目的。"

多年后,他成立了自己的恋野物语自然探索工作室。在一次带活动的途中,他看着天目山漫天的星光回忆:"科尔沁大草原的星星比这里更大,也更亮,它们会让人觉得自己很渺小,也会让人冷静下来去思考未来人生的路。"

研究生阶段遇挚友

20岁的屠跃邺退伍回到校园,与同龄人相比,他的年龄并不算太大,但他的内心已经比同龄人坚定了很多。两年的军旅生涯让他的人生阅历变得更加丰满,也让他明确了自己的前行方向。他内心明确地知道,自己虽就读于师范专业,但教师从来不是自己的理想职业,一些实用型的技能才是自己更需要的,因此,他选修了上海师范大学的人力资源管理专业,想要进一步提升自己的行政管理能力,也为心中理想再次迈出踏实的一步。"在任何时候,都要对自己有合适的定位,有合适的目标。"

提升能力的同时,他积极活跃于学校的各种活动当中,一方面担任班级干部,担任学生党支部书记,后来又担任学院兼职辅导员、分团委副书记,在学校的各类行政岗位上如鱼得水;另一方面,他从退伍返校开始,就一直担任

勇立浦江潮 "创"梦新时代
——上海高校毕业生创业典型人物集

屠跃邺生活照

上海师范大学生命与环境学院新生军训的教官,到他研究生毕业,已经带了七届新生军训。他在军队中学到的经验,正一点一滴地回报在他的大学生活中,并给他带来了更多的收获与成长。本科毕业后,他选择留在上师大继续读研,这一决定,让他遇到了前行路上的并肩者,遇到了携手同行的高山流水。

研究生期间,屠跃邺遇到了能与他"相识相知"的第一人——彭中。彭中,是屠跃邺实验室的师兄,这位师兄不仅仅是一位动物学博士,更是一位昆虫大拿,养的一手好虫,江湖人送外号"瓦哥",不论从专业知识上,还是从人格品性上,都称得上万里挑一。他与这位师兄,很是投缘,称得上是"相逢恨晚"。在一次野外采集的途中,他们从专业出路聊到行业应用,从个人前途聊到社会价值,从基础业务聊到团队建设。这次聊天,为恋野物语自然探索工作室的雏形打下了基础。

也正是在相识相知的基础上,屠跃邺的研究生毕业论文是与这位师兄共同研发完成的发明专利——"一种锹甲幼虫人工饲料"。这一发明专利填补了中国范围内相关产品的空白,为国内珍稀锹甲育种和幼期记录等提供了饲养平台。同时,这一发明专利也为成立恋野物语自然探索工作室作了坚实的产品与技术铺垫。

也正是在研究生期间,他结识了"道相同而为谋"的第二人——宋晓彬。宋晓彬研究生期间醉心于研究,真真称得上"两耳不闻窗外事,一心只为昆虫

左起：彭中、屠跃邺、宋晓彬

痴",毕业之后先一步踏上了社会,曾就职于上海自然博物馆与其他自然科普机构。在实验室汤亮副教授的引荐下,宋晓彬与屠跃邺及彭中进行了洽谈。自此,恋野物语团队三剑客实现了胜利大会师,恋野物语自然探索工作室的成立也箭在弦上,蓄势待发。

恋野物语扬帆起航

2017年4月,在上海市大学生科技创业基金会上海师范大学分会的资助下,恋野物语自然探索工作室(上海恋语文化传播有限公司)正式注册成立。关于公司,屠跃邺是这样说的:"恋野物语的核心是我们的专业知识,我们想探索尝试传统基础性研究学科的市场化应用,让更多的人了解自然科学中的基础性分类研究,让更多的人热爱大自然,从而融入大自然。"

所谓"同心而共济,始终如一",公司的成立是一个开始,更是一个考验,但屠跃邺相信只要公司上下一心,同舟共济,始终秉持初心,就一定能够获得成功。2017年是公司成立的元年,对团队的三位创始人来说,是一个艰难的磨合期,再相知的伙伴都不可能完全心意相通,更何况一群能干又野心勃勃的人在一起,难免会对许多问题有不同的看法,这时候"沟通"就显得尤为重要。对三位创始人来说,这个时期,是他们探索如何有效沟通,如何使这个公司走上正轨,如何把握公司的整体方向,如何实现公司不同业务分工的重要时期。

一个人可以走得很快,但一群人结伴就可以走很远。有人把手并肩,砥砺前行,这本身就是一件十分幸福且有成就感的事情。经过无数次的思

恋野物语自然探索工作室内景

考、探索之后，三位创始人终于确定了方向：由擅长人际交往且最具商业头脑的屠跃邺担任公司的CEO，负责把控公司的人员管理、日常宣传及洽谈商务合作；由醉心于虫类研究且极具科研精神的宋晓彬担任公司的COO，负责科研调查项目、科普课程设计等事务；由昆虫养殖大拿且拥有极强的学术敏锐性的彭中担任公司的技术顾问，负责活体昆虫养殖、技术研发等各类事务。公司焕然一新，整装待发，恋野物语团队的自然之旅即将扬帆起航。

2017年对于屠跃邺来说，可能是注定不凡的一年。这一年，除了恋野物语，还有一件事让他牵肠挂肚——他的女儿诞生了。初为人父，身份的迅速转换让他措手不及，但因为女儿，他想达到的目标变得更多更远；因为女儿，他扛在肩上的责任愈发沉重。

但他在女儿成长阶段频频缺席。初创型公司总是忙碌的，仅有三个人的团队，很多杂事及工作项目都需要亲力亲为，他为了尚在襁褓中的恋野物语披星戴月，多少个日日夜夜他都住在公司，与公司上下同甘共苦，忙到每周只能抽出一天的时间回家，看看可爱的女儿。每到归家的时刻，他总是格外欢喜，也格外担忧。喜于能见到乖巧的女儿，忧于归家之时女儿已经入睡，而离家的早晨，女儿还未醒。父爱如星辰，不张扬不求全，不论昂首低眉，它都默默守护；父爱是牵挂，或浓或淡，驻在心底，徘徊眉间，无论见或不见。

2017年12月19日，上海师范大学创新创业孵化园内举行了上海昆虫新种发布会，上海恋野物语自然探索工作室正式宣布，他们在上海滨江森林公园内发现的上海昆虫新种取名为"上海双斑粗角布甲"。这一场发布会得到了上海师范大学、上海自然博物馆、上海野生动植物保护协会、上海滨江森林公园等友方单位的大力支持以及搜狐网、中国新闻网、中研网等各大主流媒体的相继报道，使"对知识负责，说孩子们听得懂的自然"的恋野物语团队第一次走进大众的视野，引发了同行业及社会公众的广泛关注；同时，这场发布会也是上海首次由非科研单位发布科研成果的开始，是恋野物语团队里程碑式的工作亮点。

宋晓彬在昆虫新种发布会现场

2018年6月,恋野物语团队全职稳定成员扩展至10人,有来自北京师范大学东北虎豹研究专业人员,还有来自上海师范大学教育学、新闻学、法学、英语等各领域专业人才,为整个团队注入了新鲜的血液,带来了新的改变;兼职教师团队规模不断壮大,均为兼具实践经验的专业人士,专业性及团队规模上,都是上海现有自然科普教育组织所无法比拟的。

公司在大家共同的努力下也逐步走上了正轨。2018年7月以来,恋野物语与"万科集团·梅沙教育(三亚)"达成了战略合作伙伴关系;恋野物语的各项主营业务,如室内科普场馆主题讲解、国内自然探索之旅、定制科普展示、定制自然教室等,营业额达到了250万元,实现了上一年同期500%的增长。同时,恋野物语团队在2018年昂立"青蜂营"创业创新项目中拿下了二等奖的优异成绩,更在比赛中收获了创投领域的关注,为公司接下来的融资打下了坚实的基础。

作为一个初创团队,恋野物语无疑是成功的。在分享创业经验时屠跃邺将其归纳为几点：首先，团队核心成员的有效沟通，这是决定一个初创企业成功与否的关键。如果团队的核心成员尚且不能达成一致意见，齐心协力，那么整个团队也会成为一盘散沙。其次，认准市场需求，敏锐的行业嗅觉是初创型企业能否打响第一战的关键之处。新一代80后家长教育观念革新，以及二孩政策的开放，使得整个自然教育潜在市场巨大，这是一个全新的蓝海市场。最后，依托相关的学术和专业资源，专业性是恋野物语团队最大的优势特征，使公司实现了学术知识体系向科普教育行业应用的有效转化。

对于未来的发展，屠跃邺说："期望工作室能够在未来的道路当中，越来越壮大，能够让社会当中更多的家庭、更多的孩子通过自然科普教育，接触到非常令人赏心悦目、收获颇丰的大自然。我们相信，大自然是孩子最好的老师，我们愿做自然的使者，通过循序渐进的方式带领孩子们去了解自然，慢慢爱上自然，最终找到一条属于自己的自然探索之路。"

后　记

本书是在上海市教委"上海高校毕业生就业创业工作基地项目"资助下完成的,在此感谢上海市教委学生处的支持与信任!

同时也向对本书顺利出版给予大力支持和热心关注的上海各兄弟院校和社会各界表示诚挚的敬意。首先感谢提供稿件及相关线索的单位与个人,他们是:上海交通大学侯士兵老师、同济大学曹雪峰老师、东华大学金鑫老师、上海海洋大学闫咏老师、上海师范大学何潇老师、上海对外经贸大学俞夏玥老师、上海应用技术大学陈雷老师、上海第二工业大学丘璐老师、上海工程技术大学李柳维娜老师、上海工商职业技术学院胡蓉蓉老师等。

为了保证本书的质量,我们与多位创业典型人物取得了联系,对来稿进行了深度的修改和补充。同时,我们积极寻找人物线索,进行采访与编辑。在此,感谢上海市科创办产业促进处沈雄老师、上海市大学生科技创业基金会朱阳老师、上海大学科技园区刘桂华老师和张丽老师,为我们提供线索及联系受访人提供了便利;感谢学生团队,冒着高温酷暑赴上海各区采访,他们是:张佳丽、张亚楠、吴盼盼、李梦雪、何欣钰、刘泽、任宇。

还要感谢各位受访人,在百忙之中接受我们的交流与采访;感谢上海大学出版社傅玉芳老师对本书出版的支持;感谢刘强老师在审稿、编辑、校对过程中的认真、耐心、细致,不厌其烦的提醒与指导。

  由于时间和能力有限,一些优秀的创业典型人物与案例本书未能收录,实属遗憾,还请各位专家与读者谅解!